Berenice Scarabelli

Se la pelle parlasse

LA COSMESI PER LA PELLE E L'AMBIENTE

Il modo più semplice ed efficace per scegliere e/o suggerire i cosmetici giusti

SE LA PELLE PARLASSE
La cosmesi per la pelle e l'ambiente

a cura di:
Berenice Scarabelli

testi e contenuti:
**il contenuto di questo libro, dai testi alle immagini,
è il frutto del lavoro di studio e ricerca dell'autrice.
Questo manuale ha uno scopo educativo e serve a
informare, sensibilizzare e dare suggerimenti in
merito al mondo della cosmesi**

referenze loghi e immagini:
**le immagini impiegate sono di pubblico dominio,
laddove possibile è stata inoltrata richiesta per
l'autorizzazione all'utilizzo dei loghi**

revisione redazionale:
Elisabetta Scarabelli ed Elisabetta Marcon

grafica:
Simona Piemonte

stampa:
Lulù.com

ISBN 978-1-326-16379-2

contatti:
www.cosmesinice.it

"Il futuro appartiene a coloro che credono
nella bellezza dei propri sogni."

[Eleanor Roosevelt]

CARISSIMO LETTORE, CARISSIMA LETTRICE

Ti ringrazio per la fiducia dimostratami acquistando questo piccolo manuale. Il fatto che hai scelto questo libro dimostra che anche tu, come me, hai a cuore tanto il benessere del "pianeta pelle" quanto quello del "pianeta Terra" e che anche tu sei alla ricerca di punti fermi che ti possano guidare nella scelta migliore dei prodotti cosmetici per te, per la tua famiglia e per l'ambiente stesso.

Con affetto

Beunice Scarabelli

IL MIO PERCORSO NELLA COSMETOLOGIA

Ho scritto questo libro sulla **cosmetologia dermocompatibile ed ecosostenibile** perché rappresenta un po' la mia storia, il mio percorso formativo e di vita in questo mondo di bellezza.

Quando iniziai il lavoro d'insegnante presso le scuole di estetica ed acconciatura ben 15 anni fa in Friuli Venezia Giulia, non solo non vi era ancora molta coscienza sull'importanza di scegliere un prodotto cosmetico, ma anche non c'erano molti testi tecnici sulla chimica dei prodotti cosmetici ed erano poche le persone disposte a svelare "i trucchi del mestiere". Per la mia formazione di tecnologa alimentare, molto mirata cioè alla chimica degli alimenti, pensavo che fosse sufficiente attenersi alla pura spiegazione della chimica dei cosmetici (come lo è per gli alimenti) per poter svolgere in modo corretto il mio lavoro d'insegnante e per sentirsi a posto con la coscienza dal punto di vista lavorativo.

A tutto ciò posso aggiungere che pure io ero, inizialmente, una delle tante persone che pensava che i cosmetici fossero tutti uguali e che il profumo, il prezzo e il packaging fossero criteri più che sufficienti per comprare un buon cosmetico. Questo era il mio punto di partenza quando iniziai a fare la formatrice in cosmetologia.

Tuttavia la mia natura "pignola" nel volermi preparare bene sugli argomenti da spiegare in classe, la mia passione per lo studio, la ricerca continua per imparare nuove cose e i miei studenti (che ho formato negli anni e che continuo a formare), mi hanno permesso di superare queste difficoltà e di approfondire sempre più le mie conoscenze. In fondo un bravo insegnante è un po' il mentore dei ragazzi: che mondo possiamo pensare di lasciare a loro? Che modelli da seguire, se non siamo noi adulti i primi a fare ciò che professiamo?

Come ha detto Herny Adams:
"Un docente incide sull'eternità.
Non può mai sapere dove finirà la sua influenza".

Grazie ai miei studenti ho trovato proprio nella semplicità di trasmettere i contenuti, la conferma che tutti possono capire questo mondo, apparentemente troppo "chimico". Non serve la laurea, ma servono concetti semplici, facili e **corretti**.
Dopotutto lo disse Albert Einstein: *"se non sei in grado di spiegarlo semplicemente, vuol dire che non lo capisci abbastanza"*.

E così il mio passo successivo è stato il seguente: è un peccato tenere per me e i miei studenti queste conoscenze. Perché non renderle accessibili a tutti? Ci guadagnerebbe la qualità della nostra pelle e del nostro Pianeta!

Solo con la conoscenza siamo veramente liberi. Se a questa nostra libertà aggiungiamo l'etica intesa come rispetto dell'ambiente e degli animali, possiamo veramente ricercare consapevolmente i cosmetici che ci mettiamo addosso, senza nuocere né a noi stessi né all'ambiente che ci circonda.

"Quando ci occupiamo della situazione del Pianeta lo facciamo per noi stessi, perché sappiamo che ritorneremo in altre vite e che raccoglieremo ciò che abbiamo seminato."

[Lise Bourbeau]

*Con questo manuale ti insegnerò in modo semplice ed efficace alcu-
ni concetti base della cosmetologia per saper individuare i migliori
cosmetici per sé stessi, per selezionare un'azienda di cosmesi oppure per diventare un/una consulente professionista di vendita.*

Sappiamo che la pelle è il nostro organo più esteso e merita di essere rispettato. Ci difende dall'ambiente esterno ed è il nostro biglietto
da visita sul quale noi manifestiamo molte emozioni.

> *"Ciò che accade fuori si vede dentro
> e ciò che accade dentro si vede fuori."*
>
> [Alex Gezzi]

In questo viaggio, dopo alcune riflessioni "ecologiche e dermocompatibili", ti parlerò della cosmesi "orizzontale e verticale", dell'organo pelle, dell'INCI (International Nomenclature of Cosmetic
Ingredients, ovvero la nomenclatura degli ingredienti cosmetici),
degli organismi di certificazione ed infine degli ingredienti affini e
non alla pelle e altro ancora.

RIFLESSIONI "ECOLOGICHE E DERMOCOMPATIBILI"

Di fronte alla miriade di cosmetici, blog e libri inerenti, sicuramente vi sarete sentiti almeno una volta nell'imbarazzo di scegliere il prodotto migliore che funzionasse e che fosse efficace.
Avete mai pensato al fatto che oltre ad essere efficace, sarebbe "bello" che fosse anche ecosostenibile?
Se pensiamo che 1 litro di olio minerale, derivato dal petrolio, inquina circa 1.000 litri di mare, non possiamo continuare a far finta di niente, a utilizzare prodotti a base di siliconi o derivati petroliferi. Nell'UE sono circa 2 milioni le tonnellate di cosmetici usati ogni anno che si riversano nei mari!
L'ambiente in cui viviamo è poi quello che lasceremo in eredità ai nostri figli.

E ancora, pensate a quante problematiche della pelle sono oggi via via in aumento:
- allergie da contatto: al nichel, ai profumi e ai coloranti;
- comparsa di secchezza, irritazioni e desquamazioni, comedoni (punti neri), "pori dilatati", vari sfoghi cutanei, ragadi;
- dermatite seborroica, rosacea, acne adulta;
- eczemi: atopici e da contatto;
- pelli che non migliorano nonostante l'uso costante di prodotti cosmetici;
- occhi sempre più sensibili, che lacrimano facilmente oppure si arrossano;
- sensibilità chimica multipla – MCS: in alcune regioni italiane è riconosciuta come malattia, in altre no. In altre parti del mondo è considerata vera e propria malattia.

Dai dati di SIDAPA (Società Italiana di Dermatologia Allergologica Professionale e Ambientale) emerge che il 25% delle donne ed il 14% degli uomini ha lamentato una reazione avversa da cosmetici nell'anno 2014.

Tra le varie cause delle problematiche della pelle che gli studiosi hanno evidenziato, ci sono:

- stress legato allo stile di vita (che si traduce in stress ossidativo per le nostre cellule);
- scorretta alimentazione, carente di antiossidanti, di vitamine, di sali minerali e di omega 3 e ricca in proteine animali;
- scarsa protezione della pelle e degli occhi al sole;
- uso di cosmetici errati per la propria cute o perché non compatibili con la pelle (acquistati a prezzi troppo bassi) o troppo occlusivi;
- ingredienti cosmetici non affini alla pelle (facenti parte della "cosmesi tradizionale");
- mancata attenzione per gli eccipienti cosmetici non dermocompatibili, ma solo attenzione alle sostanze funzionali;
- preferenza del "fai-da-te" piuttosto che consulto di un dermatologo in caso di problematica alla pelle;
- mancata conoscenza da parte del medico degli effetti di tutti gli ingredienti cosmetici (eccipienti in particolare);
- fumo;
- mancanza di pensiero positivo.

"Trattiamo bene la Terra su cui viviamo: essa non ci è stata donata dai nostri padri, ma ci è stata prestata dai nostri figli."

[Proverbio Masai]

Molti ingredienti, pur non essendo tossici né allergizzanti nell'immediato, lo diventano nel lungo tempo sia nei riguardi della pelle che dell'ambiente.

Il problema è che in media una persona giornalmente utilizza 7-10 cosmetici diversi e le sostanze che arrivano sulla pelle tendono a dare il fenomeno del **BIOACCUMULO**. Ciò significa che alcuni degli eccipienti del cosmetico ritenuti innocui perché presenti a dosi molto basse (esempio la formaldeide rilasciata da altri ingredienti), con il passare degli anni possono dare origine all'accumulo di certo non benefico prima nella pelle e poi nell'organismo ed infine nell'ambiente.

Quello che ci spalmiamo sulla pelle finisce prima o poi nell'acqua di scarico e poi nei mari, con effetti inquinanti gravi su flora e fauna acquifere.

Per chi non conosce che cos'è la **FORMALDEIDE**, trattasi di una sostanza altamente cancerogena, di classe 1 e che causa tumori naso-faringei se inalata. È gassosa a temperatura ambiente e viene commercializzata in forma liquida come formalina (contiene il 37% di formaldeide). È presente un po' ovunque e cioè come conservante alimentare (sigla E240), trucioli e mobili di legno, plastificanti di riviste, gas di scarico, inceneritori, fumo di legno e fumo di sigarette, immissione industriali, cosmetici (smalti, prodotti per capelli e preservanti cosmetici) e aspartame, il dolcificante sintetico. La formaldeide è forse stata maggiormente conosciuta dal grande pubblico a seguito della stiratura brasiliana dei capelli. I controlli per la sicurezza dei cosmetici sono prontamente intervenuti per eliminare dal commercio questi trattamenti che rilasciavano enormi quantità di formaldeide al momento della piastratura dei capelli. Tale sostanza non era eccessivamente pericolosa per il cliente che richiedeva la stiratura quanto per l'acconciatore che si trovava ad inalarne grandi quantità e forse anche più volte al giorno!

Ecco che molte aziende, spinte da nuovi cambiamenti, negli ultimi anni si sono "magicamente" trasformate in biologiche. Come possiamo essere sicuri che siano veramente biologici, naturali ed efficaci i cosmetici che compriamo? Esiste qualche regola che il consumatore deve conoscere per capire di che si tratta? Per chi non conosce il linguaggio degli ingredienti cosmetici, è importante fare, ad esempio, questa considerazione: "che cosa centra la nostra pelle con il petrolio?"o ancora "vi spalmereste petrolio sulla pelle?" Certamente no, voi direte. E quindi che senso ha trovare in un prodotto definito 'bio' del petrolio?

Vi ricordo che il **PETROLIO** è la sostanza più naturale che ci sia, per cui le aziende che vantano di essere "naturali" e che al loro interno contengono derivati del petrolio, non vi stanno mica dicendo una bugia. Per sapere quali sono i "falsi cosmetici bio" è sufficiente andare a leggere l'etichetta dei prodotti e trovare ad esempio " paraffinum liquidum, petrolatum, mineral oil…" Peccato che tali derivati non sono dermocompatibili con la nostra pelle e che quindi non riescono a soddisfare la richiesta di dare alla pelle ciò di cui ha bisogno. Oltretutto sappiamo benissimo quali sono gli effetti del petrolio sul mare!

Molti di noi non sono dei chimici per cui spesso la lista degli ingredienti cosmetici non è comprensibile, sembra un linguaggio sconosciuto, un privilegio per pochi. E allora come scegliamo i cosmetici? Ci affidiamo in genere alla pubblicità, ai blog, al passa-parola, agli erboristi, ai farmacisti e alle estetiste, sperando di aver fatto la scelta e l'acquisto corretto.

Se ognuno di noi imparasse a selezionare l'azienda ecosostenibile e il prodotto dermocompatibile, farebbe del bene prima di tutto a se stesso e alla propria famiglia e sicuramente anche all'ambiente.

E forse nel tempo anche altre aziende inizierebbero ad adeguarsi seriamente a questa richiesta di genuinità e di **rispetto dell'intelligenza cutanea e dell'ambiente.**
Forse sarà utopico, ma è con l'impegno di chiunque che possiamo generare una forza, di certo non con l'indifferenza.

> *"Io sono una goccia che cade nel mare*
> *e sono io che decido quanto è grande*
> *l'onda generata dalla goccia."*

Per essere liberi ed indipendenti di scegliere un'azienda, come riuscire ad imparare un linguaggio tanto complicato ed essere sicuri della correttezza delle informazioni?

Da quanto sopra scritto apparirà quindi più chiaro che non è vero che i cosmetici sono tutti uguali, come non è vero che i vini rossi sono tutti uguali o che tutte le scarpe lo siano. Ne convenite con me?

Per quanto riguarda i cosmetici, la dimostrazione sull'uso di cosmetici compatibili con la pelle è legata al fatto che **la pelle stessa ha una "memoria"** e, a seconda di come la trattiamo ora, ne vedremo i risultati successivamente. Pensate che le cellule dell'epidermide e le cellule del sistema nervoso hanno origine dalla stessa cellula (a livello embrionale)!
Ecco perché la pelle è dotata di una sua "INTELLIGENZA"!
…Ed ecco perché molte malattie dermatologiche sono di origine psicosomatica…

EFFETTI DI UN BUON COSMETICO NEL MEDIO E LUNGO TERMINE

Usare cosmetici affini alla pelle dà sicuramente dei risultati tangibili sia nell'immediato che nel lungo tempo.

Segni che si possono apprezzare **nell'immediato** possono essere ad esempio una maggior luminosità, prova di un'effettiva idratazione oppure una maggior morbidezza che rimane tutto il giorno, prova che il cosmetico ha apportato emollienza e nutrimento in maniera significativa.

Segni che si possono osservare **nel lungo tempo**, legati sempre a un uso corretto di prodotti, sono forse più apprezzabili perché a seconda di come trattiamo la pelle da giovani, ne vedremo i risultati dopo i 40 anni! Possiamo ad esempio notare la ritardata comparsa di rughe o l'assenza di reattività della pelle nei confronti di sostanze chimiche, profumi o condizioni ambientali sfavorevoli.

"Prima di tutto,
risplendi dall'interno."

Da precisare che **una buona idratazione, una sana alimentazione e l'attività sportiva** sono la base per avere dei benefici anche a livello di cute. Non si può pensare di usare degli ottimi prodotti cosmetici e allo stesso tempo mangiare male! Non si può pensare a delegare al cosmetico ciò che il buon senso circa la corretta alimentazione e lo sport ci dice!

Perché la corretta alimentazione viene prima di tutto? Le cellule vitali dell'epidermide, che stanno negli strati più profondi, si nutrono grazie ai vasi sanguigni presenti nel derma sottostante, ed è proprio grazie ai capillari che arriva il nutrimento per le cellule. Viceversa le cellule più superficiali, che sono cellule morte, non possono essere nutrite dal momento che sono morte, ma possono essere idratate da un buon cosmetico e protette.

...E SE LA PELLE PRESENTA DELLE PROBLEMATICHE?

La scelta dei cosmetici diventa ancora più importante in caso di **problematiche alla cute** che sono sempre più in aumento.
Ad esempio su pelli affette da malattie come **psoriasi, dermatite ed eczema atopico**, le persone che fanno uso di cosmetici dermocompatibili hanno notato nel giro di pochi giorni un miglioramento dell'aspetto cutaneo, inteso come migliore idratazione e compattezza della barriera epidermica, ma soprattutto come diminuzione di sintomi quali desquamazione, prurito, rossore o bruciore.

Anche in questo caso è fondamentale la sinergia tra:
- corretta alimentazione;
- integratori alimentari (esempio: omega 3 e vitamina D3);
- cosmesi.

Non è pensabile riuscire ad ottenere un successo puntando l'attenzione su una cosa sola, ma è dall'insieme di questi tre aspetti che si ottiene un risultato duraturo.

Le creme cosiddette "dermocompatibili" contengono ingredienti affini alla pelle perché ripristinano la barriera epidermica proprio come il cemento tiene uniti i mattoni di un muro!

Un cosmetico "dermocompatibile" per essere EFFICACE deve anche essere formulato in modo tale che le sostanze cosmetiche funzionali possano essere assorbite dalla pelle e che non rimangano in superficie.

Questo implica *un'ottima formulazione e progettazione* da parte delle aziende per quanto riguarda la scelta del veicolo ovvero la scelta delle sostanze cosmetiche eccipienti e la creazione di emulsioni. Fare emulsioni troppo grandi (come succede ad esempio nei "fai-da-te" o nei cosmetici di bassa qualità) non è garanzia di efficacia rispetto al creare **emulsioni "microcellulari"** che penetrano e si fondono con la membrana della cellula.

Queste ultime sono considerate come dei "micro-robot" che riescono a trasportare le sostanze funzionali molto più in profondità e a rilasciarle all'interno della cellula.

Le aziende cosmetiche hanno gli "emulsionatori" ovvero apparecchiature che NON possono certo essere paragonate alla pentola ed al frullino domestico del "fai-da-te"! Se non altro questi emulsionatori agiscono a temperature basse (perché lavorano sottovuoto) e non denaturano con il calore l'efficacia dell'estratto vegetale, cosa impossibile per chi lavora ad alte temperature.

Ma esistono veramente aziende che producono seriamente cosmetici efficaci pur nel pieno rispetto della pelle e dell'ambiente?

La risposta è SI, anche se... al momento non ce ne sono tante quante ci si apsetterebbe.

In base alle competenze da me acquisite negli anni, ho valutato e continuo a valutare ancora tante aziende e devo dire che negli anni la qualità di certe case produttrici è cresciuta molto.

Tra le poche aziende, una in particolare l'ho presa a cuore perché rispondente al 100% ai requisiti sopra indicati.

Per me la scelta di una linea cosmetica deve essere attinente a quello che spiego in classe, la coerenza va a braccetto con la professionalità, non posso spiegare una cosa e abbracciare la filosofia di un'azienda che non è in linea con quanto detto. Non sarebbe né credibile né autorevole.

Mi ricordo ancora il giorno in cui ho preso in mano un prodotto di quest'azienda ed osservando l'etichetta degli ingredienti, ho esclamato: "sembra l'INCI di un cosmetico perfetto che invento a scuola con i ragazzi!".

Il fatto di aver scoperto una cosmesi in linea con quanto insegno, mi ha dato buone speranze che effettivamente anche da parte delle aziende si inizi a fare qualcosa di più serio. Le aziende serie creano il mercato, non lo seguono. E un prodotto quando è veramente valido, si vende da sé!

Il mio consiglio rimane sempre quello di leggere le etichette, in qualsiasi posto vi troviate, al supermercato, in profumeria o nel bagno dell'hotel perché se da una parte ci tiene allenati a comprendere il prodotto che teniamo in mano, dall'altra ci tiene costantemente in linea con i nostri principi: prima di tutto non nuocere.

VIAGGIO NEL MONDO DELLA COSMESI

FISIOLOGIA DELL'ORGANO PELLE:
corretta idratazione

La pelle è il più esteso organo del nostro corpo (1,5 - 2m^2) e *"rappresenta le pareti della nostra casa-corpo, il nostro abito ed è un organo intelligente, vitale fisiologicamente importantissimo"* [Umberto Borellini].

Ha molte funzioni di grande rilievo tra le quali una poco citata nei libri di testo ma forse la più importante, è che ci *preserva l'idratazione*. Basti pensare che siamo fatti per il 65% circa di acqua e che nell'ambiente esterno tale quantità non sempre è costante e presente. Senza la pelle rischieremmo di subire situazioni sia estremamente secche sia estremamente umide con il conseguente "effetto yo-yo" del contenuto idrico corporeo: decisamente incompatibile con la vita... perché in un giorno molto secco rischieremmo di morire per disidratazione o per lo meno le nostre funzioni vitali sarebbero talmente ridotte da rallentare tutto il nostro ritmo; mentre in un giorno piovoso rischieremmo di sentirci troppo imbibiti e annacquati!
Un po' l'effetto che io definisco "spongebob" per non parlare poi del rischio elevatissimo di infezioni microbiche... nei giorni piovosi!
Pur variando l'umidità ambientale, come fa quindi la pelle a mantenere costante il suo contenuto idrico e di conseguenza a mantenere tutte le sue funzioni? Lo fa grazie alla barriera epidermica.
La barriera epidermica è paragonabile ad un muro di mattoni e cemento, in cui i mattoni sono le cellule ed il cemento sono dei par-

ticolari lipidi disposti in modo da creare un'emulsione naturale. Questa barriera regola il flusso di acqua dall'esterno all'interno e viceversa.

Quello che si chiede al cosmetico "idratante" dermocompatibile è quello di ridare le sostanze che compongono questa sorta di "cemento" e quindi grassi chiamati ceramidi, ma anche sali minerali, aminoacidi e zuccheri. Non di certo derivati del petrolio o siliconi che non apportando alcun beneficio, inevitabilmente la seccano di più.

Ed è proprio la disidratazione il primo passo verso l'invecchiamento cutaneo, l'indebolimento delle difese della pelle, le dermatiti e le infezioni.

L'idratazione della pelle porta perciò a luminosità, plasticità e turgore perché l'acqua stessa funge da ammortizzatore e da cuscinetto e perché è l'acqua che mantiene inalterate tutte le altre funzioni della pelle, dal momento che le reazioni biochimiche si svolgono sempre in presenza di acqua.

> *"Finché l'organo PELLE non ha problemi,*
> *una persona tende a dare per scontato*
> *o meglio a dimenticarsi di essa.*
> *Non è così?"*

Altre importantissime funzioni della pelle sono:

- *difesa da agenti esterni*: dai **raggi UV** (grazie alla melanina e allo strato corneo), da **insulti meccanici come urti, sfregamenti** (grazie all'ispessimento dello strato corneo, all'ipoderma e alle fibre elastiche), da **sostanze chimiche** (film idrolipidico e barriera epidermica), da **microrganismi patogeni** (flora microbica cutanea, potere tampone della pelle, pH acido, film idrolipidico acido e cellule del sistema immunitario);

- *termoregolazione*, che avviene oltre che per la sudorazione, anche grazie alle terminazioni nervose della pelle che portano a vasocostrizione o a vasodilatazione;

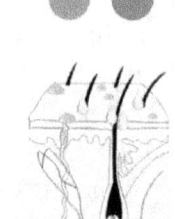

- *secrezione ed escrezione di sebo e sudore*, che formano il film idrolipidico acido. Anche la cheratina e la melanina sono considerati prodotti di secrezione con funzione protettiva;

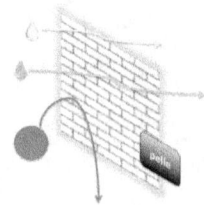

- *barriera ed assorbimento*, perché la pelle seleziona le sostanze che vi possono entrare, grazie a fattori come la struttura epiteliale dell'epidermide, lo spessore dello strato corneo, il grado di idratazione cutaneo, la temperatura cutanea, la microcircolazione locale, la zona del corpo e l'età.

Molte persone, nel combattere gli inestetismi a tutti i costi, si dimenticano che la pelle è il nostro organo più grande e che con la "cura della pelle" non dermoaffine, alcune funzioni vitali sono incidentalmente "soffocate" o alterate.

Detto questo, la domanda che viene spontanea sarà:

COSA SI CHIEDE AD UN COSMETICO?
CHE COS'È UN COSMETICO?
un po' di legislazione:

Sapendo che ogni giorno la media dei cosmetici che utilizziamo regolarmente, come già menzionato, è di 7-10 prodotti diversi, la pelle si deve difendere in qualche modo dalle innumerevoli sostanze che vi giungono in continuazione. Se pensiamo poi che in media ogni cosmetico è formulato con circa 25 ingredienti, facciamo presto i conti per capire quante molecole ci applichiamo giornalmente. Magari poi abbiamo la pretesa che mentre certe sostanze vorremmo che penetrassero in profondità (vedi l'effetto "antirughe" o l'effetto "bruciagrassi" pubblicizzato in TV), altre vorremmo che si fermassero fuori dalla pelle e che non ci facessero alcun male. Questa è una bella pretesa da parte nostra, ma non da parte dell'organo pelle. Alla base rimane sempre il detto del famosissimo cosmetologo italiano Umberto Borellini e cioè che *"SI DEVE RISPETTARE L'INTELLIGENZA CUTANEA"*.

Questo ci fa capire che forse è bene sapere di cosa stiamo parlando o meglio che cosa ci spalmiamo ogni giorno sul nostro meraviglioso organo pelle, del quale finché non ci crea problemi, quasi quasi ci dimentichiamo la sua esistenza.

Prima di tutto per capire che cos'è un cosmetico, è bene inquadrare quali sono le normative che lo disciplinano.

La "vecchia" legge italiana sui cosmetici è stata la 713/86 con tutte le sue numerose modifiche. Nei primi due articoli essa definiva che per cosmetico s'intende *una preparazione, diversa dal medicamento, che viene applicata su cute sana per mantenerla in buono stato. Non può vantare attività terapeutica e non può essere curativo.*

A partire dall'11 luglio 2013, un nuovo Regolamento Europeo (1223/2009/CE) ha sostituito la "vecchia" Direttiva sui cosmetici. Il **Nuovo Regolamento Europeo**, valido per tutti i Paesi della Comunità Europea serve per uniformare e garantire un elevato livello di tutela dei consumatori.

I punti principali del nuovo regolamento sono:

- introduzione di un *gruppo di definizioni*, per favorire una maggior uniformità dei termini all'interno del mercato dell'UE;

- identificazione di *figure responsabili* come il fabbricante, ossia l'azienda che fabbrica o che fa fabbricare il prodotto e il distributore;

- *divieto di sperimentazione animale* (entrato in vigore l'11 marzo 2013) che è sostituita da metodi alternativi, sia per i prodotti finiti che per gli ingredienti o le combinazioni di ingredienti. È inoltre vietata l'immissione sul mercato europeo di prodotti la cui formulazione finale sia stata oggetto di sperimentazione animale e di prodotti contenenti ingredienti o combinazioni d'ingredienti che siano stati oggetto di una sperimentazione animale;

- attenzione particolare ai *prodotti destinati ai bambini* di età inferiore ai 3 anni;

- le *buone norme di fabbricazione* (GMP, Good Manufacturing Practice) che supportano l'azienda nel gestire la produzione, il controllo, la conservazione e la spedizione dei prodotti al fine di garantire prodotti sicuri e di qualità.

- obbligo di fornire informazioni più dettagliate che saranno a disposizione delle autorità competenti dei Paesi membri e dei centri anti-veleno. Sarà costituito un apposito *database gestito dalla Commissione europea*, nel quale ogni produttore o importatore dovrà registrare il proprio prodotto prima di immetterlo sul mercato, riportando l'elenco delle sostanze presenti (INCI) e la formulazione che consente di effettuare un trattamento medico in caso di malessere del consumatore;

- *obblighi del distributore* dei cosmetici che deve verificare la conformità dei prodotti immessi sul mercato e la tracciabilità del prodotto per un periodo di 3 anni dopo la data in cui il cosmetico è stato messo a disposizione del distributore;

- *nanomateriali* ovvero particelle di piccolissime dimensioni che vanno da 1 a 100 nm che devono essere specificate nell'elenco degli ingredienti con la dicitura "nano";

- *dossier di sicurezza* (profilo tossicologico, la struttura chimica ed il livello di esposizione e di applicazione sulla cute, caratteristiche del packaging, impurezza e stabilità del prodotto finito, effetto indesiderato);

- *efficacia dei prodotti cosmetici*: i consumatori "dovrebbero" essere protetti da dichiarazioni ingannevoli in merito all'efficacia e ad altre caratteristiche dei prodotti cosmetici.

Il Nuovo Regolamento Europeo è molto attento alla sicurezza della persona tanto che ogni volta che si manifesta un problema inerente un prodotto cosmetico, viene il tutto riesaminato nuovamente.
In Italia è il Ministero della Salute che assicura che non ci siano prodotti irregolari in commercio. È possibile consultare il sito www.salute.gov.it/cosmetici e visionare gli elenchi delle sostanze consentite, di quelle vietate e di quelle consentite solo a certi dosaggi.

COSA TROVIAMO SULL'ETICHETTA
DI UN COSMETICO?

Tutte le voci riportate di seguito devono sempre accompagnare il prodotto per cui se non vi è sufficiente spazio per scrivere le informazioni, ci sarà sempre o un foglio d'accompagnamento o un cartellino che le contenga:

- **nome o la ragione sociale e la sede legale del produttore**: il produttore europeo poiché è vincolato alle normative europee, dà maggiori garanzie di sicurezza al cosmetico rispetto ad un prodotto non UE;

- **categoria merceologica**: accanto al nome di fantasia deve essere presente la funzione cosmetica;

- **contenuto nominale**: è obbligatoria la quantità dichiarata del cosmetico espressa come ml o mg. Il simbolo "e" si riferisce alla creazione dell'imballaggio, in particolare al contenuto dichiarato dell'imballaggio che è stato tarato secondo normative europee;

$$e$$

- **data di scadenza o PAO**: la data di scadenza (espressa in mese/anno) è per i prodotti che durano meno di 30 mesi dal giorno in cui sono stati prodotti, indipendentemente dall'apertura o meno. Il PAO (period after opening) vale per i cosmetici che durano più di 30 mesi dal momento della produzione e che solo dal momento in cui vengono aperti, devono essere consumati entro i mesi indicati dal simbolo del barattolino aperto.
Più il PAO è elevato e più sono le sostanze sintetiche (pensa al petrolio quanto può durare... è eterno) o più sono presenti i conservanti chimici nel prodotto.

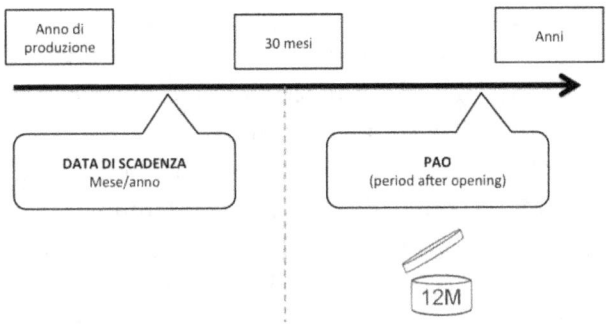

- **precauzioni per l'impiego** se necessario
Sono accompagnate dal seguente simbolo;

- **numero di lotto** che permette di identificare esattamente com'è avvenuta la produzione, la data ed il luogo. Serve all'azienda per identificare velocemente i prodotti non conformi e ritirarli dal mercato, senza creare allarmismi o ritirare qualsiasi prodotto.

- **elenco degli ingredienti** in ordine di peso decrescente ed espressi secondo la nomenclatura INCI. Questa informazione dà un'idea più precisa sulla concentrazione degli ingredienti presenti nel cosmetico: per primi compariranno gli ingredienti presenti in dose maggiore, poi quelli in dosi minori (1%, 0,1%, ecc.). Se sul packaging è indicato ad esempio "crema all'estratto di calendula", verificare sempre la concentrazione: la crema, infatti, può contenerne il 5 % oppure solo lo 0,5 %;

- è obbligatorio riportare in modo esplicito le **principali sostanze del profumo** riconosciute come potenziali allergizzanti. È un valido aiuto per chi soffre di allergia poter riconoscere fin da subito se il cosmetico può essere utilizzato o meno. Fino a pochi anni fa era sufficiente scrivere la generica dicitura "parfum" o "fragrance". Ora invece essendo stata stilata una lista di 26 allergeni del profumo, devono essere specificati in etichetta se presenti.

Per chi non soffre di allergia, queste molecole non creano problemi. Questa lista sarà destinata ad allungarsi nel tempo.

Gli enti che controllano la sicurezza dei prodotti in profumeria sono l'Unione Europea (UE) e l'IFRA (International Fragrance Association). Quest'ultimo è un organismo internazionale creato e finanziato dalle multinazionali profumiere con un duplice scopo: mantenere una documentazione riguardante i casi di reazioni allergiche alle fragranze e analizzare le materie prime per assicurarsi che non causino reazioni allergiche e che non danneggino le fragranze stesse. Elenco dei 26 allergeni:

Alpha-isomethyl ionone
Amyl cinnamal
Amylcinnamyl alcohol
Anise alcohol
Benzyl alcohol
Benzyl benzoate
Benzyl cinnamate
Benzyl salicylate
Butylphenyl methylpropional
Cinnamal
Cinnamyl alcohol
Citral
Citronellol
Coumarin
Eugenol

Evernia furfuracea
Evernia prunastri
Farnesol
Geraniol
Hexyl cinnamal
Hydroxyisohexyl 3-cyclohexene carboxaldehyde
Hydroxycitronellal
Isoeugenol
Limonene
Linaool
Methyl 2-octynoate

COS'È L'INCI?

L'INCI è un modo di esprimere gli ingredienti cosmetici valido in tutta l'UE ed esprime gli ingredienti in due lingue diverse, latino ed inglese. La sigla INCI significa:

International Nomenclature Cosmetic Ingredients

La lingua latina è usata per le materie cosmetiche che non hanno subito trasformazioni chimiche ma solo processi di estrazione fisica (distillazione, filtrazione, spremitura); mentre l'inglese per le materie cosmetiche chimicamente modificate.

Alcune semplici considerazioni:

1. non tutti gli ingredienti sintetici sono sempre nocivi o irritanti;
2. non tutti gli ingredienti naturali sono efficaci per la pelle;
3. il petrolio è un ingrediente naturale... più naturale di lui!!!;
4. il cosmetico è una miscela complessa che va giudicata nell'insieme dei suoi componenti, nei rapporti delle concentrazioni e nel dosaggio degli ingredienti ritenuti "critici" sia in termini di biodegrabilità che di tollerabilità e di efficacia del prodotto finito.

Vediamo qualche esempio di sostanze cosmetiche espresse in latino ed inglese. A titolo di esempio è stata volutamente messa la "faccina" sorridente o triste per spiegare che anche un ingrediente in latino può non essere benevolo per la pelle o viceversa che un ingrediente in inglese può esserlo. Questo sottintende che fare la classica semplificazione "latino è buono, inglese è cattivo" è molto riduttivo e per nulla corretto.

NOMI IN LATINO, DI DERIVAZIONE NATURALE:

Acqua: Aqua 🙂

Mel: miele 🙂

Olea europea: olio d'oliva 🙂

Paraffinum liquidum: olio di vaselina (praticamente petrolio) ☹️

Petrolatum: vaselina solida ☹️☹️

Inula Helenium: enula campana ☹️

NOMI IN INGLESE, DI DERIVAZIONE CHIMICA:

Hydrogenated castor oil: olio di ricino idrogenato

Dimethicone: silicone

Ascorbyl palmitate: vitamina C (acido ascorbico)

Sodium laureth sulfate: sodio lauriletossi solfati
(tensioattivo aggressivo)

Caffeine: caffeina

Per capire se l'ingrediente è naturale o meno ci si può aiutare con questa semplice, ma non esaustiva tabella:

1. **il nome botanico latino: indica processo di estrazione fisica**

2. **il petrolio , i siliconi ed i filmogeni acrilici non sono dermo-compatibili e sono inquinanti ambientali**

3. **gli ingredienti che finiscono con "eth + numero" sono di derivazione petrolifera e quindi né dermocompatibili, né ecologici. Seccano molto la pelle.**

4. **gli asterischi su certi ingredienti sono di derivazione biologica**

SOSTANZE POCO AFFINI ALLA PELLE

Sei arrivato finalmente al paragrafo di approfondimento delle riflessioni "dermocompatibili ed ecologiche" perché ora analizzerò per te alcune categorie di sostanze cosmetiche più frequentemente usate ma che sono poco affini alla pelle.

Una sostanza si definisce poco affine alla pelle quando:
- **non è dermocompatibile** in quanto crea una pellicola invisibile che non fa traspirare la pelle. Anzi la fa macerare nel tempo;
- si comporta come un vero **disturbatore endocrino** nel senso che potrebbe interferire con l'azione degli estrogeni ad esempio, oppure potrebbe comportarsi come impostore e bloccare gli ormoni;
- secca la pelle ed la **invecchia più precocemente**. Il primo passo per l'indebolimento della pelle, come già detto, è proprio la perdita di acqua.

SLS, SLES,
DERIVATI DEL PETROLIO
DISTURBATORI ENDOCRINI (PARABENI)
PABA E P-FENILENDIAMMINA (PPD)
CONSERVANTI (Kathon)
DERIVATI DELL'AMMONIACA: DEA, MEA, TEA
PROPYLENE GLYCOLE E PEG
SILICONI

Iniziamo per ordine:

TENSIOATTIVI: sono utilizzati nei detergenti e servono per pulire o per fare schiuma. I più subdoli per la pelle e l'ambiente sono i seguenti:

1) **SLS e SLES** sono due tensioattivi anionici (sodium lauryl sulfate e sodium laureth sulfate) piuttosto aggressivi perché sgrassano la pelle eliminando il film idrolipidico, la naturale protezione della pelle. Possono andar bene se ci rotoliamo nell'olio, ma dal momento che ci laviamo tutti i giorni e molti di noi non fanno "lavori sporchi", risultano troppo forti, portando secchezza ed irritazione alla pelle. Se usati su pelli grasse possono portare a un reingrassamento veloce della pelle accentuando il fastidioso inestetismo da una parte e rendendola più vulnerabile perché privata della naturale protezione dall'altra. Se usati su pelli secche, o peggio ancora su pelli di bambini le disidratano ancora di più, rendendole più vulnerabili a dermatiti ed infezioni microbiche. Alla stessa maniera lo sono i derivati dei vari "lauryl sulfate e laureth sulfate" come ad esempio: Ammonium laureth sulfate, magnesium laureth sulfate... Da notare che non serve per lavarsi la schiuma (è solo un fattore psicologico) e non serve arrivare a sentire la pelle che tira! Sono tutte sensazioni fasulle che le aziende continuano a mantenere nell'immaginario collettivo di "essere pulito" ma che in realtà non servono a nulla.

2) **Betaine**: è un tensioattivo che si trova negli shampoo e bagnoschiuma. Se non è prodotto correttamente e cioè fatto da aziende molto serie, il rischio è che si può trovare la molecola SODIO MONOCLORO ACETATO nel cosmetico detergente. Questa molecola ha una tossicità tale che 1kg di sodio monocloro acetato è in grado di uccidere il 50% delle alghe presenti in 40 milioni di litri d'acqua (citazione di Fabrizio Zago).

3) **Amide DEA, TEA, MEA, (MSDS)**: Le desinenze MEA, DEA e TEA indicano derivazione dell'ammoniaca ed in particolare Monoetanolammina, Dietanolammina e Trietanolammina. Questi ingredienti, se presenti insieme alla molecola **2-bromo-2-nitropropane-1,3-diol** formano nitrati e nitrosammine, con rilascio di formaldeide.

La legge ora proibisce di trovare questi due ingredienti insieme. I derivati MEA, DEA e TEA sono tensioattivi di solito presenti per fare molta schiuma ad esempio negli shampoo o bagnoschiuma o saponi o latti detergenti. Studi del Dr. Samuel Epstein, Professor of Environmental Healthat the University of Illinois e di John Bailey, che si occupa della divisione cosmetica per la FDA, dicono che questi composti possono essere assorbiti dalla pelle ed essere anche pericolosi.

DERIVATI DEL PETROLIO: Possono "soffocare" la pelle creando un film plastico occlusivo che impedisce la traspirazione, ovvero l'evaporazione di acqua dallo strato corneo all'ambiente. Se in un primo momento può avere effetto antidisidratante, a lungo andare provoca macerazione delle cellule e proliferazione microbica. Con il tempo la pelle stessa per ovviare a questa persistente occlusione, aumenterà la produzione delle sue cellule andando ad alterare la sua fisiologica struttura (fenomeno detto di "acantosi"). La pelle risulterà poco sana, sensibile ed irritabile. Sarà come andare a "scoperchiare un vulcano!!!" il giorno in cui si decida di utilizzare prodotti più ecologici. È abbastanza frequente il fatto che le pelli "maltrattate" dai petrolati, nel momento in cui si ritrovano trattate con prodotti dermoaffini, reagiscono manifestando papule, pizzicori e rossori, segno che la pelle sta eliminando le sostanze depositate nel tempo e non, come erroneamente si potrebbe pensare, che il cosmetico naturale faccia male.

Un altro esempio è rappresentato dai contorno occhi a base di petrolati che, soprattutto se usati in gran quantità la sera, possono andare ad irritare le ghiandole sebacee presenti a livello della rima palpebrale e portare gonfiori agli occhi.

Il fatto che l'UE abbia permesso di continuare ad utilizzare il paraffinum liquidum nei cosmetici è solo nel caso di olio di vaselina privo di impurità.

Molto più triste è il discorso del "petrolatum" che oltre a non essere biodegradabile è pure un cancerogeno di classe 2. Lasciatelo perdere!

Sono derivati del petrolio:
paraffinum liquidum; petrolatum; mineral oil; cera microcristallina; ceresina; ozocherite.

DISTURBATORI ENDOCRINI: sono sostanze che possono provocare alterazioni nel funzionamento delle cellule con conseguente comparsa di tumori al seno alle donne già predisposte, endometriosi, alterazioni della tiroide, comparsa di malformazioni congenite, patologie neurodegenerative.

Sono disturbatori endocrini:
- Filtri UV chimici; BHA, BHT; Parabeni; Ftalati- Bisfenolo A-DEP; Alchifenolietossilati – PEG; Nonoxynol, Poloxamer, Nonilfenoli.

Sostanze come il benzofenone-3 (oxybenzone) e cinnamati, presenti nei filtri solari, sono sostanze cosmetiche da evitare in caso di endometriosi perché si comportano come veri e propri interferenti ormonali. L'Associazione Italiana Endometriosi ONLUS, impegnata contro gli "inquinanti ambientali" consiglia alle donne affette da endometriosi di cercare di ridurre l'esposizione alle sostanze sopra elencate e presenti in creme solari, rossetti e cosmesi per il viso.
Il DEP (dietilftalato) fa parte della famiglia degli Ftalati ed è utilizzato in cosmesi come: denaturante dell'alcool etilico, agente plastificante per le confezioni di plastica e per gli smalti, solvente e agente filmogeno per capelli. Vi sono numerosi studi che ne attestano la sua pericolosità per la salute umana, soprattutto a livello riproduttivo.

Per quanto riguarda le sostanze BHA e BHT sono antiossidanti che preservano gli oli dall'irrancidimento ma sono anche messi nel cosmetico con lo scopo di rendere la crema bella bianca (n.d.t. Fabrizio Zago). La cosmesi tradizionale purtroppo usa moltissime di queste sostanze. In campo alimentare sono contrassegnati con le sigle E320 ed E321.

Scegliere una crema solare non è semplice né per la protezione della pelle né per l'impatto ambientale poiché i *FILTRI CHIMICI* utilizzati sono purtroppo responsabili anche dello sbiancamento dei coralli cioè vanno a distruggere le microalghe che colorano e nutrono il corallo stesso. Si tratta di un fenomeno distruttivo delle barriere coralline e dei loro ecosistemi. Fra i filtri chimici che hanno effetti devastanti sui coralli ed i mari ci sono i benzofenoni ed i cinnammati al primo posto.

Questo studio è stato fatto dall'équipe di ricercatori del Dipartimento di Scienze Marine del Politecnico di Ancona, coordinata dal professor Roberto Danovaro (2008). Quindi occhio alla scelta del solare, che è sempre consigliato mettersi prima di esporsi al sole.

In dettaglio, i disturbatori endocrini:

FILTRI UV:

Derivati della canfora:
- 3-benzilidene canfora
- 4-metilbenzilidene canfora

Benzofenoni:
- Benzofenone-1
- Benzofenone-2
- Benzofenone-3
- 4,4'- diidrossi-benzofenone (Oxibenzone)

Derivati della cannella:
- EtilhexileMetoxycinnamato
- OctileMethoxycinnamato (detto anche Octinoxate)

Diidrossibifenile / 4,4'-diidrossi-bisfenile:
- Filtro UV, disinfettante, profumo

ANTIOSSIDANTI:
- Butilatedidrossianisolo (BHA)
- Butilatedidrossitoluolo(BHT)

ALTRI ECCIPIENTI:
- Acido Borico - Antimicrobico
- Ciclotetrasiloxano (silicone) - Emolliente
- Dietil ftalato (DEP) – Denaturante dell'alcool
- Resorcinolo - Colorante per capelli
- Bisfenolo A - materiale plastico

Nel 2009 **Luigi Viganò** (primo ricercatore all'IRSA-CNR) ha pubblicato sul giornale dell'Arpa Emilia Romagna "Il rischio da interferenti endocrini nel fiume Po" dove, citando enti e organizzazioni internazionali, afferma che "*la letteratura scientifica sta descrivendo una casistica sempre più ampia d'inquinanti che possono interferire con il normale funzionamento del sistema endocrino di numerose specie di organismi viventi, uomo compreso...*". In questo caso si parla di **distruttori (o interferenti) endocrini**, ossia composti che anche a piccole dosi possono "sballare" il sistema ormonale degli organismi, soprattutto quelli acquatici, perché particolarmente sensibili. Sospettati sono i fitofarmaci utilizzati massicciamente in agricoltura, ma anche sostanze, al contrario, "insospettabili", come farmaci e cosmetici.

CONSERVANTI: Classici o biologici, i cosmetici per legge devono contenere conservanti perché dove c'è acqua c'è vita e quindi anche microrganismi. Le molecole che si consiglia di evitare o limitare sono: i parabeni, i cessori della formaldeide, il triclosan ed il kathon. Ma andiamo per ordine:

1) Parabeni: sono sostanze ad azione antibatterica e fungicida, si trovano in molti cosmetici, in creme dermatologiche, nei detergenti per la casa, nei lucidi da scarpe e infine negli shampoo e saponi. Maggiore è il contatto con la pelle e maggiore è il rischio di sensibilizzazione. La legge stabilisce che ciascuna di queste sostanze possa essere impiegata alla concentrazione massima dello 0,4% nel prodotto finito e fino allo 0,8% per una loro miscela. Solitamente nei prodotti cosmetici è utilizzata una miscela di metilparabene, etilparabene, propilparabene e butilparabene. È meglio la miscela dei vari paraben piuttosto che uno solo per due motivi: 1) se usati insieme, i vari parabeni sono presenti in minime dosi; 2) se usati insieme garantiscono un miglior range di azione antimicrobica.
Con il Regolamento 1004/2014 del 18 settembre, le due sostanze Butylparaben e Propylparaben, sono state soggette a restrizioni per quanto riguarda i prodotti non sottoposti a risciacquo per bambini di età inferiore ai 3 anni. In particolare la somma dei due ingredienti non deve superare lo 0,14%. Sono presenti tuttavia anche nei cibi a lunga conservazione come condimenti, concentrati di pomodoro, latticini, marmellate, gelatine, pesce in scatola, salsicce, succhi di frutta vari. Si trovano anche in farmaci topici, quali il collirio, le gocce per le orecchie ed il naso, nei dentrifici.
I parabeni si comportano anch'essi come dei disturbatori endocrini per cui sempre più aziende iniziano a non utilizzarli più.
ATTENZIONE: è meglio una crema conservata con ingredienti non bio e non proprio ecologici piuttosto che una crema non conservata o mal conservata!

In dettaglio la famiglia dei parabeni usata a livello cosmetico:
Butilparaben
Etilparaben
Metilparaben
Propilparaben

2) La **formaldeide** è una sostanza cancerogena di classe 1, altamente irritante, dannosa, invecchia la pelle e può scatenare allergie. È presente negli smalti indurenti in elevata percentuale fino al 5% perché l'unghia è considerata annesso cutaneo e non pelle. Peccato che anche l'unghia è porosa e può assorbire! …E peccato per chi soffre di onicofagia (abitudine a rosicchiarsi le unghie)! La presenza della formaldeide negli smalti, essendo un battericida molto forte, non solo va ad impedire la crescita microbica, ma anche l'esfoliazione naturale dell'unghia. In pratica non permettendo un naturale ricambio cellulare è come se facesse una sorta di "imbalsamazione" dell'unghia! Il Nuovo Regolamento Europeo definisce che:
- A livello cosmetico può essere presente al massimo fino allo 0,2% per i prodotti che si applicano sull'epidermide, mentre per i prodotti d'igiene orale cala allo 0,1%
- La quantità massima utilizzabile per i prodotti per le unghie non deve superare il 5%
- Il prodotto cosmetico deve recare la dicitura "contiene formaldeide" qualora superi lo 0,05%
Per i prodotti d'inalazione, la formaldeide è vietata perché cancerogena per le vie respiratorie. Questo ha toccato molto il settore degli acconciatori con i trattamenti liscianti alla cheratina che sprigionavano ben il 12% di formaldeide! Sono stati ritirati dal mercato europeo proprio per questo motivo. Per quanto riguarda i **cessori di formaldeide** si tratta di molecole che decomponendosi, liberano una piccola quantità di formaldeide, tale da non essere considerata pericolosa. I cessori una volta che si decompongono per liberare la formaldeide

che va a distruggere i batteri, a loro volta si disintegrano proprio nello svolgere questa funzione di conservante. Questo ne riduce la pericolosità, anche se laddove si può è sempre bene optare per prodotti che non li contengono affatto.

Sono cessori di formaldeide:
- Imidazolidinyl urea;
- DmdmHydantoin;
- bromo-2-nitropropane-1,3-diol,
- Bronopol;
- Bronidox;
- Diazolidinyl-urea;
- 5-bromo-5-nitro-1,3-dioxane.

3) Il **Triclosan**, una sostanza ad azione disinfettante che viene usata in ambito medico farmacologico e che, tuttavia, è presente un po' ovunque come saponi, dentifrici, collutori, cosmetici, deodoranti, detergenti intimi e "antibatterici" per le mani e detersivi per la casa, ma anche nei prodotti cosmetici per bambini. È una sostanza che presenta un notevole grado di tossicità per chiunque. Se usato ogni giorno topicamente il triclosan va lentamente a ridurre la flora microbica cutanea con il rischio di maggior sviluppo di allergie ed infezioni. Se immaginiamo l'applicazione del triclosan sulla cute di un bambino piccolo, cosa pensate possa accadergli? Non si parla di dosi pericolose, ma di bioaccumulo.
Sicuramente quando sarà diventato adulto, sarà diventato non solo più vulnerabile ad infezioni e dermatiti ma sarà costretto a ricorrere a creme e prodotti per la detergenza sempre più di valenza medico-farmacologica. Insomma un cliente assicurato per certe case farmaceutiche! La situazione potrà peggiorare quando sulla sua cute si saranno sviluppati dei ceppi batterici resistenti, un po' come succede con l'abuso di antibiotici. Pensate che l'EPA (Agenzia per la Protezione

Ambientale Americana) classifica il Triclosan come un pesticida e lo considera una sostanza tossica per l'uomo e inquinante per l'ambiente. Da un punto di vista molecolare, il Triclosan è molto simile alle sostanze tra le più tossiche sul Pianeta come le diossine, PCB! Queste sostanze tendono ad accumularsi nei grassi corporei fino a livelli tossici danneggiando fegato, polmoni e sopprimendo le funzioni immunitarie. Per fortuna in Italia il suo utilizzo è regolamentato perché nei cosmetici è consentita una concentrazione massima pari allo 0,3%. Tuttavia una bassa percentuale in un unico prodotto non è garanzia di essere fuori dai rischi perché è la somma della presenza in tutti gli altri prodotti a cui ogni giorno siamo esposti che può fare la differenza. Il Triclosan contenuto nei dentifrici, nei deodoranti e igienizzanti per le mani, se preso isolatamente è in dosi ritenute "accettabili", ma raggiunge un livello di rischio significativo nel caso, non raro, di utilizzazione di una combinazione di due o più prodotti. Altri effetti del triclosan, oltre all'indebolimento della flora microbica cutanea, sono la diminuzione della funzionalità cardiaca e muscolare (studi effettuati su topi e pesci) e l'accumulo nei pesci stessi... e poi noi mangiamo il pesce che ci fa bene!!!
Uno studio svedese riporta che è presente dappertutto, anche nel latte materno!
Il Minnesota è il primo Stato al mondo che ha deciso di bandire il triclosan da tutti i cosmetici con lo scopo di proteggere la salute dei cittadini e dell'ambiente. La legge entrerà in vigore a partire dal 1 gennaio 2017. Invece in UE, su indicazioni dell'SCCS (Scientific Commitee on Consumer Safety), l'utilizzo del triclosan è stato ristretto solo ad alcuni cosmetici, grazie al regolamento 358 del 9/04/14 appunto alle concentrazioni sopra indicate.

4) Il Kathon: è la miscela di due pessimi conservanti che vanno sempre "in coppia" e che sono **methylchloroisothiazolinone** e **dilmethylisothiazolinone**.

La concentrazione massima consentita dalla normativa europea, in base alla quale la concentrazione del kathon non può superare lo 0.1% nei prodotti rinse off e lo 0.0015% in prodotti leave on ha permesso di ridurre la prevalenza di reazioni allergiche al kathon. Per sicurezza è bene evitare la loro presenza.

5) Ci sono aziende (soprattutto tedesche) che si definiscono naturali perché ricorrono anziché ai classici conservanti, ad elevate quantità di **alcool etilico** anche di provenienza biologica, che però può risultare irritante se applicato su pelli sensibili.
L'alcool etilico ha un effetto denaturante la cheratina dello strato corneo se in elevate dosi.

PABA E P-FENILENDIAMMINA (PPD): sono molecole molto simili che danno reazioni allergiche crociate, ovvero una sostanza scatena l'allergia verso l'altra, apparentemente senza alcun tipo di legame e viceversa. Nel caso della cosmesi ad esempio la prima sostanza è il PABA, usato come filtro solare chimico; la seconda, la PPD, usata per le tinture dei capelli. In genere chi soffre di allergia alle tinture per capelli deve prestare la massima attenzione alla scelta del solare che non dovrà contenere il PABA perché facendo parte della stessa famiglia, possono innescare reazioni allergiche crociate. È un po' come il cane che si morde la coda!
Attenzione alla possibilità di ulteriori reazioni crociate tra PPD e le altre sostanze appartenenti al gruppo "para":
- Benzocaina;
- Diaminodifenilmetano;
- Acido-Parabenzoico;
- Sulfamidici;
- Urea;
- Paratoluendiamina; ecc.

Attenzione anche all'allergia crociata che si può manifestare verso la p-toluendiamina, p-aminodifenilamina, il 2-4 diaminoanisolo e l'o-aminofenolo, presenti sempre nella maggioranza delle tinture. L'invito è quindi di leggere bene i foglietti che accompagnano le tinture per capelli, sia quelle professionali che soprattutto quelle definite "naturali" visto che si tratta sempre di reazioni chimiche e visto che la chimica non è fantasia.

PROPYLENE GLYCOLE: Conosciuto nella cosmesi come un umettante, è un perfetto "anti-gelo" usato nell'industria idraulica. È usato al posto della glicerina perché è più economico e conferisce una consistenza gradevole al tatto. Può essere un grandissimo irritante per la pelle perché l'uso continuo causa sensibilizzazione ed aumenta la permeabilità della pelle. Capace di danneggiare le membrane cellulari, può causare diversi problemi cutanei come irritazione o secchezza, anche a dosaggi non elevati. Negli USA il documento che contiene le norme di sicurezza ufficiali per l'uso di sostanze avverte: "avoid contact with skin" . Da tener presente inoltre che spesso i bambini piccoli "assaggiano" la crema della mamma con il rischio di ingerire queste sostanze.

PEG: sono usati per legare l'acqua con il grasso (ovvero come emulsionanti o tensioattivi) oppure per rendere più viscoso il cosmetico cioè per trattenere l'acqua nel cosmetico (come umettante). La sigla PEG sta per "polietilenglicoli", ed è seguita da un numero che indica la lunghezza della catena. Più il numero è piccolo e più la molecola è liquida, più il numero è alto e più è viscosa.
Nel caso ad esempio di un emulsionante, si deve rendere idrosolubile un acido grasso e per poterlo fare, si sfrutta una reazione chimica detta "etossilazione" che prevede l'impiego della molecola di ossido di etilene. L'ossido di etilene non solo è molto pericoloso e cancerogeno, ma spesso è presente in tracce anche nei vari PEG.

Inoltre durante la reazione chimica può capitare che le molecole di ossido di etilene si uniscano tra di loro anziché all'acido grasso e si forma il composto 1,4-DIOSSANO, parente molto stretto della diossina e molto cancerogeno. Per fortuna la continua sorveglianza sulla sicurezza dei prodotti cosmetici assicura che i livelli del composto 1,4-diossano siano talmente bassi da essere innocui per la pelle e l'individuo. Grazie ai miglioramenti apportati ai processi di produzione dei composti "PEG", "Polietilene", "Polietilenglicole", "Poliossietilene", "-eth-" o "-osinol-" è stato osservato un declino significativo dei livelli di tale contaminante. Tuttavia anche se gli istituti europei garantiscono bassi livelli, non dimentichiamo mai il fenomeno del bioaccumulo. Un altro effetto dei PEG è quello di rendere la pelle più permeabile alle varie sostanze cosmetiche e ai vari eccipienti come conservanti e profumi che non dovrebbero passare e che nel tempo possono scatenare pesanti reazioni allergiche.

DESINENZA "-ETH": sono sempre derivati del PEG e sono seguiti da un numero. Esempio cetheareth-6, ceteth-12, steareth-2. Hanno funzione emulsionante, solvente e sono agenti schiumogeni. Sia i PEG che i composti che terminano con "-eth" rendono la pelle più penetrabile da parte di sostanze nocive che potrebbero essere presenti nello stesso prodotto (conservanti o sostanze derivate dalla loro decomposizione all'interno del prodotto).

ALLUMINIUM CHLOROHYDRATE: presente nei deodoranti e antitraspiranti, l'uso continuato porta ad occlusione dell'ostio follicolare e dei pori sudorali. Purtroppo l'alluminio è presente anche nel caffè, nei farmaci e nello yogurt per mantenere i fermenti lattici!!! Altro che bioaccumulo. Sono tutt'ora in corso studi per valutare il reale effetto dell'alluminio derivante dai cosmetici sul sistema nervoso. Spesso è associata alla sensibilità chimica multipla (MCS).

SILICONI metichone, dimethiconol, amodimetichone oppure siloxane: Queste sostanze sono molto usate dalle aziende cosmetiche perché possiedono varie proprietà: sono idrorepellenti, antistatici, resistenti alle alte temperature, non hanno scadenza e sono chimicamente inerti. Sulla pelle hanno inizialmente un effetto "setoso", ma nel tempo seccano la pelle e costringono a usarne ancora per riavere quell'effetto! Non danno emollienza, ma sono filmogeni che bloccano la traspirazione (TEWL) dell'acqua. Alcuni siliconi sono volatili (-siloxane), per cui sono sotto esame al fine di valutare l'assenza di pericolosità per la salute umana.

Da tener presenti, infine, che i siliconi non sono assolutamente biodegradabili, finiscono negli scarichi fognari tal quali e poi si accumulano nell'ambiente. Per chi ha gli occhi sensibili e che lacrimano, è bene prestare molta attenzione anche ai prodotti per make up poiché i siliconi vanno ad irritare ancora di più gli occhi e a causare più lacrimazione.

NITROMUSCHI E MUSCHI POLICICLICI sono sostanze che servono a fissare i profumi sui tessuti, soprattutto nel caso dei detergenti. Come dice il chimico Fabrizio Zago, quando laviamo gli abiti in lavatrice, diamo per scontato che non solo gli abiti siano lavati ma anche profumati. Vorremmo che accadesse un miracolo, ovvero che i detergenti – in particolare i tensioattivi- togliessero lo sporco grasso e che mettessero altri grassi come gli oli essenziali sui tessuti. Per ottenere questo effetto, si usano queste sostanze (musk) che funzionano come una specie di colla "attack" cioè che fissano questi oli profumati sui tessuti. Si tratta di sostanze escluse dal disciplinare EcoLabel perché si accumulano nella catena alimentare e possono avere effetti dannosi sul sistema nervoso.

I muschi sintetici possono accumularsi nei tessuti ed i muschi usati nei profumi sono stati riscontrati come contaminanti nel sangue umano e nel latte materno.

EDTA: sostanza impiegata in cosmesi per legare alcuni elementi chimici che potrebbero compromettere l'efficacia del cosmetico. In particolare è in grado di legare gli ioni di Ferro e Rame che causano irrancidimento dei grassi e gli ioni di Calcio e Magnesio che diminuiscono l'efficacia lavante dei detergenti.

Purtroppo però non è biodegradabile e finisce nel mare rendendo solubili i metalli pesanti, tra cui il Mercurio. Questo metallo è poi assunto dal pesce e accumulato...

Ci sarà un motivo per cui i moderni dietologi consigliano di non mangiare troppo pesce!

NANOPARTICELLE: le nanoparticelle presenti nei cosmetici sono soprattutto ossido di zinco e biossido di titanio. Grazie ad uno studio australiano del 2010 realizzato alla Macquarie University, è stata dimostrata la stretta relazione tra l'applicazione di creme contenenti nanoparticelle (in particolare di biossido di titanio ed ossido di zinco) e tracce a livello ematico ed urinario in persone che si erano sottoposte all'applicazione di questi prodotti.

Ad esempio il biossido di titanio è un materiale fotoattivo perché con l'esposizione solare può generare e liberare radicali liberi nella cute esposta, con potenziale effetto genotossico per qualsiasi cellula vivente. Pertanto un cosmetico solare con la dicitura "titanium dioxide (nano)" è caldamente sconsigliato.

Il problema della degradazione dell'ossido di titanio si risolve con la presenza di seri antiossidanti come la vitamina E, vitamina C e orizanolo. Il problema delle nanoparticelle è che sono presenti non solo nei cosmetici ma anche nel cibo, tessuti, farmaci oltre che essere presenti come conseguenza dell'inquinamento ambientale.

Essendo molto piccole possono essere inalate, ingerite involontariamente ma possono anche essere assorbite dalla pelle se siamo noi stessi a farlo. Quindi il mio consiglio è dove possiamo evitarle, è bene farlo.

FTALATI, BISFENOLO-A, DEP: Un altro esempio è quello della sostanza *"BISFENOLO- A"* (BPA) un componente del materiale plastico e che fa parte della famiglia degli Ftalati, sostanze che rendono appunto flessibili e modellabili le plastiche. Molto probabilmente la parola "ftalati" rievoca i giocattoli da dentizione per bambini ed i biberon sequestrati dal commercio perchè risultati pericolosi per la salute del bambino stesso.

Il BPA è stato classificato come "perturbatore endocrino" in quanto capace di interferire con il nostro sistema ormonale perché comportandosi da vero e proprio estrogeno può essere scambiato dal nostro corpo per una sostanza naturale.

Vi sono parecchi studi che mettono in correlazione la pericolosità del BPA con la salute umana. Un recente studio americano del giugno 2013, mette in relazione addirittura l'obesità dei bambini con l'esposizione a Bisfenolo-A, uno studio che si va ad aggiungere ai numerosi presenti che dimostrano effetti quali la pubertà precoce e l'infertilità maschile.

Ci sono poi studi condotti da **Inserm** (Institut National de la Santé et de la Recherche Médicale) che hanno dimostrato che il bisfenolo-A è coinvolto nell'aumentata *"incidenza di cancro ai testicoli negli adulti osservati negli ultimi decenni"* (2010) e che possono provocare seri danni anche a livello di reni.

Il BPA può giungere al nostro corpo non solo con il cibo (contenitori alimentari in plastica, lattine di metallo rivestite con resine sintetizzate a partire dal BPA, bottiglie di acqua in policarbonato) ma anche attraverso la pelle (molti cosmetici contengono plastificanti …"antiage" o contengono sostanze cedute da packaging cosmetico in plastica). Nel caso della cosmesi, non solo è fondamentale accertarsi dell'assenza di sostanze plastificanti, ma preferire le confezioni di vetro o di materiali biodegradabili quando è possibile.

Un altro ingrediente che appartiene alla famiglia degli ftalati, unico ammesso nei cosmetici, è il DEP diethylptalate) che rende amaro e quindi imbevibile l'alcool etilico, ma è anche presente in profumi, lozioni, smalti, borotalco e shampoo. Gli Ftalati sono anche usati negli idratanti per la pelle, spray per capelli, smalti per unghie e permettono di far penetrare velocemente nella pelle ed annessi le sostanze. Sono perciò sostanze ad azione cancerogena e ad azione ormonale che causano sviluppo prematuro del seno e causano problematiche con lo sviluppo del sistema riproduttivo in feti di sesso maschile.

Esistono ora plastiche "BPA free" che hanno come sostituto di tale sostanza, il Bisfenolo-S che forse risulta ancora più tossico perché non solo si comporta come un disturbatore ormonale, ma anche interferisce con lo sviluppo del cervello dell'embrione animale.

MICROGRANULI DI PLASTICA: presenti in moltissimi dentifrici e scrub, queste palline di plastica di dimensioni ridotte hanno il compito di rimuovere le cellule più superficiali presenti nello strato corneo, con la promessa di rendere la pelle più levigata e più giovane. Il problema tuttavia non è tanto per la pelle quanto poi per l'ambiente. Il fatto che il prodotto viene risciacquato con l'acqua fa si che alla fine queste palline non sciogliendosi in acqua, viaggino intatte fino al mare. Povero mare! Impianti di trattamento delle acque reflue non sono ancora progettati per filtrare le microsfere, ed è per questo che stiamo assistendo nell'Oceano Pacifico alla "zuppa di plastica" che si muove con la corrente del Pacifico. Secondo uno studio condotto nel 2012 dall'università del Wisconsin, l'inquinamento dell'area dei Grandi Laghi è causato soprattutto da queste microsfere di plastica, la cui presenza è stata rilevata in concentrazioni molto elevate: oltre 1 milione di particelle di plastica per km^2, che si legano ad altre sostanze pericolose. A giugno 2014 il governatore dell'Illinois ha firmato una legge che entrerà in vigore nel 2018 e che vieterà la produzione e la vendita di prodotti contenenti microgranuli di plastica non biodegradabili. Alcune multinazionali come la Unilever si stanno impegnando a togliere dalla produzione di cosmetici le microplastiche entro il 1 gennaio 2015.

Ma di cosa sono fatte le microplastiche? Sono **Polyethylene (PE)**, Polypropylene (PP), Polyethyleneterephthalate (PET), Polymethylmethacrylate (PMMA) e Nylon.

L'organizzazione olandese North Sea Foundation ha lanciato la campagna "Beat the Microbead" (colpisci i microgranuli) consultabile al sito www.beatthemicrobead.org ed ha sviluppato un'applicazione per smartphone che, attraverso la scansione del codice a barre permetterà di capire se il cosmetico contiene microgranuli di plastica non biodegradabile. Sarà poi nostra responsabilità personale evitare la microplastica.

ESEMPI DI LETTURA DI UN'ETICHETTA COSMETICA

Il primo esempio è una **crema mani**, molto banale e per nulla nutriente. L'enorme quantità di glicerina avrà un effetto disidratante quando il clima è secco e idratante quando il clima è umido. Non sono presenti sostanze funzionali e i conservanti non sono dei migliori. Non ci sono sostanze funzionali di alcun tipo.

Insomma il classico esempio di crema che viene continuamente applicata perché le mani sono perennemente secche.

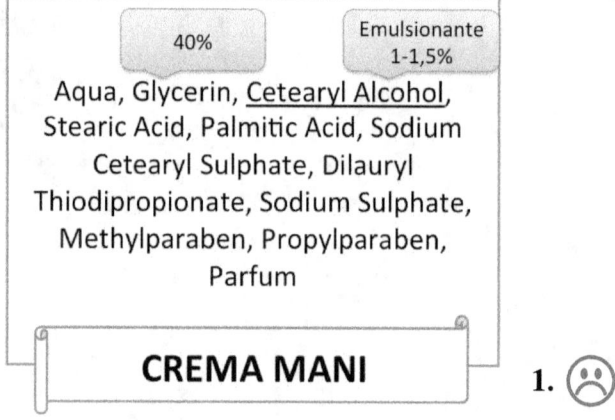

40%   Emulsionante 1-1,5%

Aqua, Glycerin, <u>Cetearyl Alcohol</u>, Stearic Acid, Palmitic Acid, Sodium Cetearyl Sulphate, Dilauryl Thiodipropionate, Sodium Sulphate, Methylparaben, Propylparaben, Parfum

CREMA MANI   1. ☹

Il secondo esempio è una **crema corpo**, anch'essa non dermocompatibile perché presenta troppo profumo e sostanze acriliche che creano una pellicola occlusiva sulla pelle. In questo caso c'è un po' di olio di mandorle dolci ma che non riesce a svolgere la sua funzione emolliente in quanto è comunque circondato da parecchie molecole chimiche non benefiche per la pelle. Che conservanti presenta? Oltretutto non è un prodotto ecosostenibile ma inquinante dell'ambiente.

Aqua, Ethylhexyl Palmitate, Prunus Amygdalus Dulcis Oil, Glycerin, **Phenoxyethanol**, Tocopheryl Acetate, **Dmdm Hydantoin** Parfum **Acrylates\C10-30 Alkyl Acrylate Crosspolymer, Aminomethyl Propanol**, Retinyl Palmitate, **Polyacrylamide**, Disodium Edta, **Methylparaben, C13-14 Isoparaffin, Amyl Cinnamal, Hydroxyisohexyl 3-Cyclohexene Carboxaldehyde**, Lecithin, **Ethylparaben, Butylparaben, Butylphenyl Methylpropional, Laureth-7**, Cinnamyl Alcohol, **Isobutylparaben, Propylparaben**, Limonene, Coumarin, Tocopherol, Ascorbyl Palmitate, Citral, Linalool, Citric Acid

CREMA CORPO   2. ☹

Il terzo esempio è invece una **crema corpo** dermocompatibile ricca in sostanze funzionali affini alla barriera epidermica. Le sostanze di origine vegetale sono espresse in latino e molte provengono da agricoltura biologica. Il conservante non è male e di profumo ce n'è pochissimo. Quindi andrà bene anche per pelli delicate.

Aqua, Glycine Soja* Seed Extract, Dicaprylyl Carbonate, Olea Europaea* Fruit Extract, Glycerin, Glyceryl Caprylate, Cetearyl Glucoside, Cetearyl Alcohol, Cocoglycerides, Glyceryl Stearate, Butyrospermum Parkii* Extract, Potassium Cetyl Phosphate, Simmondsia Chinensis* Seed Oil, Aloe Barbadensis* Leaf Extract, Citric Acid, Lecithin, Ascorbyl Palmitate, Dehydroacetic Acid, Hydrogenated Palm Glycerides Citrate, Tocopherol, Benzyl Alcohol, Kaolin, Profumo/Parfum.
*prodotto da agricoltura biologica

CREMA CORPO   3. ☺

Il quarto esempio è uno **shampoo troppo aggressivo** per i capelli, non presenta basi lavanti delicate. La presenza di sale da cucina fa capire che tutto quello che segue nello shampoo è a bassissime dosi. In pratica stiamo acquistando acqua, tensioattivi e sale da cucina. L'effetto disidratante ed elettrizzante è assicurato.

Sicuramente l'utilizzo di un qualsiasi balsamo, anche dei peggiori, potrà sortire buoni effetti dal momento che è stata tolto gran parte del film idrolipidico ed è stata disidratata la fibra del capello.

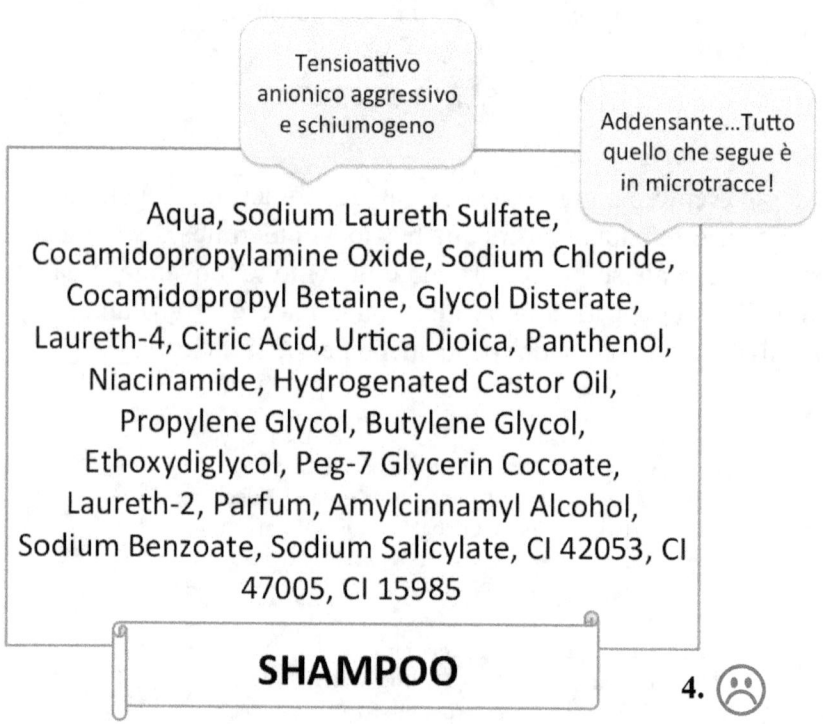

Tensioattivo anionico aggressivo e schiumogeno

Addensante...Tutto quello che segue è in microtracce!

Aqua, Sodium Laureth Sulfate, Cocamidopropylamine Oxide, Sodium Chloride, Cocamidopropyl Betaine, Glycol Disterate, Laureth-4, Citric Acid, Urtica Dioica, Panthenol, Niacinamide, Hydrogenated Castor Oil, Propylene Glycol, Butylene Glycol, Ethoxydiglycol, Peg-7 Glycerin Cocoate, Laureth-2, Parfum, Amylcinnamyl Alcohol, Sodium Benzoate, Sodium Salicylate, CI 42053, CI 47005, CI 15985

SHAMPOO

4.

Il quinto esempio è uno shampoo ben formulato, con basi lavanti delicate. Non è schiumogeno e quindi più difficile da utilizzare perché non contiene neppure sostanze velogene che permettono lo scorrimento del prodotto tra i capelli.

È da dire però che le sostanze velogene a lungo andare creano una pellicola attorno allo stelo del capello che impedisce nel tempo la possibilità di introdurre sostanze emollienti, idratanti e ricostruenti la fibra cheratinica.

Aqua, Saccharum officinarum extract, Sodium coco-sulfate, Aloe barbadensis gel, Decyl glucoside, Polyquaternium-77, Lauryl glucoside, Glycerin, Citrus grandis juice, Hydrolyzed rice protein, Camelia sinensis extract, Pyrus malus extract, Zinc coco-sulfate, Coco-glucoside, Hydrolyzed keratin, Disodium cocoyl glutamate, Sodium cocoyl glutamate, Glyceryl oleate, Panthenol, Lactic acid, Sodium benzoate, Potassium sorbate, Parfum.

SHAMPOO

5.

COSMESI "ORIZZONTALE E VERTICALE"

Perché parlare di cosmesi tradizionale e verticale? Di cosa si tratta? È un modo diverso di capire come la cosmesi si è evoluta fino ai giorni d'oggi, e soprattutto capire quale delle due cosmesi utilizza sostanze poco affini alla pelle quali dermoaffini.

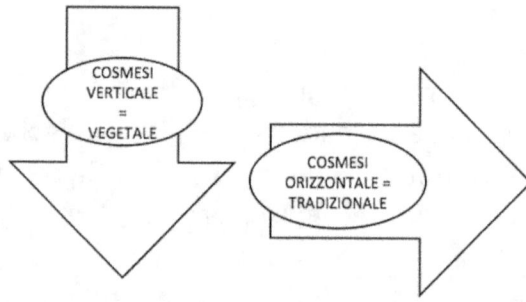

La **cosmesi tradizionale** ha un effetto definito "orizzontale" perché si basa sull'utilizzo di molecole di grandi dimensioni che non entrano nella pelle, si stendono sul viso ed hanno un'azione più mirata all'effetto idratante, riempitivo, liftante e lenitivo. In pratica possiamo definire che "avvolge l'organo pelle".

Non dà problemi di allergie alla pelle semplicemente perché non penetra! L'unica comunicazione che gravita attorno a questo tipo di cosmesi è legato all'**antiage** in quanto la pelle può essere levigata, idratata, riempita per minimizzare in poco tempo i segni d'invecchiamento. Viene sfruttata per dare risalto soprattutto al cosmetico dall'effetto "miracoloso " (avete presente le pubblicità che evidenziano la scomparsa di rughe in poco tempo?).

Le aziende cosmetiche di questo tipo mirano soprattutto ad aspetti come la gradevolezza, il profumo e la sensorialità che devono essere i più accattivanti possibili e al fatto che devono dare subito un effetto visibile al consumatore: ovvero il riempimento di rughe e rughette. E come lo fanno se non usando molecole grandi che coprono queste linee tanto indesiderate? Una volta, però, che ci si lava la sera con il detergente, queste pellicole invisibili sono rimosse e tutto torna come prima, se non peggio perché la pelle non essendo stata nutrita adeguatamente si è nel frattempo disidratata.

Tra i più diffusi ingredienti presenti in questo tipo di cosmesi, ci sono:

- **Siliconi**: finiscono per "-methicone" e a lungo andare creano allergie da contatto e disidratano la pelle;
- **Derivati del petrolio**: esempio sono "paraffinum liquidum, petrolatum, mineral oil," che hanno tempi di incubazione piuttosto lunghi di 20-30 anni per poter osservare e notare problematiche alla pelle;
- **Parabeni**: sono stati paragonati ai pesticidi perché agiscono come stimolatori ormonali (xenoestrogeni) ovvero come stimolatori cellulari.

Questo è il motivo per cui sempre più aziende hanno iniziato a toglierli. Gli ingredienti chimici oltre che essere a basso costo, sono inerti, più stabili e più facili da lavorare rispetto a quelli di origine vegetale.

La **cosmesi vegetale**, invece, ha un'azione verticale perché basata su molecole che hanno una struttura molecolare invisibile, capace di penetrare nella pelle. Basti pensare ad esempio agli oli essenziali che in tempi abbastanza rapidi riescono a giungere nel sangue e nella linfa. Se il cosmetico è valido, la cliente sente subito la differenza dopo averlo applicato.

Ha la percezione che la pelle sia più nutrita giorno dopo giorno e che il cosmetico in qualche modo "lavori" veramente nella pelle, sensazione strana da definire per chi non è abituato a questa cosmesi.

Nella cosmesi tradizionale, basata su un'azione orizzontale per l'appunto, la percezione che si avrà sarà sempre di avere la pelle setosa, ma molto disidratata tanto che se la cliente non mette la crema ogni giorno, si accorge della differenza perché "la pelle soffre, tira".

Questo comporta una sorta di dipendenza, un circolo vizioso per cui più se ne mette e più la pelle si disidrata e più se ne continua a mettere, non pensando che sia il cosmetico la causa disidratante vera e propria ma pensando che sia la pelle che è sempre più bisognosa. Avete presente certi stick per le labbra? Più li si mettono e più le labbra si seccano e più si continuano a mettere. In tal modo si consuma velocemente lo stick che verrà prontamente ricomprato.

Viceversa con la cosmesi vegetale se per una volta la cliente dimentica di usare la crema, la pelle rimane comunque morbida ed idratata ugualmente perché ha veramente ricevuto sostanze utili ed efficaci.

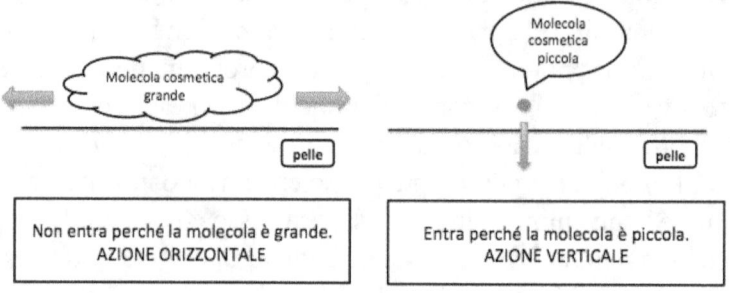

Nella cosmesi vegetale possiamo fare un'ulteriore suddivisione tra chi lavora solo con gli oli essenziali e chi con gli estratti vegetali. Chi utilizza solo gli oli essenziali ha una cosmesi definita ora un po' "superata" e nel tempo un po' pericolosa, perché l'usare per lunghi tempi gli oli essenziali comporta il rischio non solo di caricare troppo la pelle ma anche di sviluppare delle allergie.

Chi utilizza gli estratti vegetali ha una cosmesi all'avanguardia perché più efficace e decisamente più rispettosa della pelle in quanto gli estratti essendo molto diluiti hanno un'azione quasi omeopatica.

Si parla di **fitocomplessi**, ovvero di composti vegetali abilmente mescolati tra di loro per ottenere un'attività sinergica mirata.

Questo toglie il rischio di rendere i fitoderivati troppo attivi sulle pelli sensibili con predisposizione allergica. Possiamo simpaticamente dire che questa cosmesi, basata su estratti vegetali, "**bussa all'organo pelle**" dando inizio al suo percorso.

Le aziende che utilizzano gli estratti vegetali di qualità sono molto accorte e lavorano gli ingredienti secondo processi "high tech" ovvero processi tecnologici d'avanguardia in grado di preservare l'integrità del composto e di inserirlo in **emulsioni molto fini**, dette appunto "**microcellulari**" capaci di farsi strada in modo rispettoso ma efficace nella pelle.

Le criticità nel realizzare un cosmetico naturale sono molte e rappresentano una sfida impegnativa per il formulatore che vuole offrire al consumatore alte prestazioni e la stessa gradevolezza del cosmetico convenzionale.

Sono riassunte qui di seguito alcune delle percezioni allo stato attuale da parte dei consumatori nei riguardi dei prodotti cosmetici. A fronte di ciò la crescente richiesta di prodotti biologici cosmetici sta andando di pari passo alla richiesta di prodotti biologici alimentari.

COSMESI VEGETALE	COSMESI TRADIZIONALE
Ridotta setosità perché gli oli hanno "solo" effetto emolliente	Elevata setosità dovuta a siliconi e polimeri acrilici
Detergenti non schiumogeni	Detergenti molto schiumogeni
Balsami che non danno al primo uso l'effetto districante, ma lo danno con più applicazioni	Balsami molto districanti per i vari quaternium e cetrimonium chloride non biodegradabili però
Utilizzo di conservanti dermocompatibili ed ecosostenibili	Utilizzo di conservati non dermocompatibili e non ecosostenibili
È presente l'effetto bianco quando si applicano creme naturali ma non con emulsioni microcellulari	Annullato l'effetto "sapone" o effetto bianco di quando ci si spalma una crema, grazie al silicone (dimethicone)
Filtri solari fisici che non recano danni alla barriera corallina	Filtri solari costituiti da molecole chimiche di sintesi che danneggiano la barriera corallina
Dermatologicamente più attive perché ricche in oli vegetali	Dipende dal prodotto
Odore non sempre gradevole	Profumazioni accattivanti ma con rischio di sensibilizzazione

La cosmesi vegetale in fatto di conservazione preferisce non avvalersi dei classici conservanti chimici ma di tutta una serie di azioni che sinergicamente portano alla stabilizzazione del prodotto stesso. I sistemi innovativi di conservazione comprendono l'impiego di sostanze con azioni diverse come ad esempio:

- *Sostanze ad azione batteriostatica vegetale* che impediscono lo sviluppo microbico anziché uccidere direttamente (fatto pericoloso quest'ultimo perché le sostanze disinfettanti possono andare ad uccidere i microbi della flora cutanea);

- *Sostanze acidificanti*, che rendono l'ambiente ostile allo sviluppo dei germi;

- *Sostanze che legano l'acqua* e non la rendono disponibile ai microrganismi;

- *Sistemi innovativi di confezionamento* come l'"air less", un particolare packaging che prevede l'impiego di particolari sacchettini riempiti sottovuoto. In questo caso la crema cosmetica può solo uscire ma nulla può entrare.
Tali sistemi presuppongono condizioni igieniche produttive di partenza elevate.

Dalla cosmesi vegetale, che ha particolare attenzione per l'organo pelle, il passo successivo è stato quello di ampliare le vedute e capire quanto può un cosmetico impattare sull'ambiente. Si è arrivati così al concetto della "green cosmesi".

GREEN COSMESI

Al momento, la normativa italiana prevede che siano dichiarati la biodegradabilità e l'impatto ambientale dei prodotti per l'igiene della casa e del bucato ma nulla di obbligatorio per i cosmetici. I detersivi sono molto più sicuri dal punto di vista dell'impatto ambientale rispetto ai cosmetici tanto che se per i detersivi deve essere indicata la pericolosità per gli ambienti acquatici, per i cosmetici non è obbligatorio ancora.

Questo è comunque un ottimo punto di partenza considerando che anche le casalinghe più minuziose e fissate con il pulito sono in grado di riversare nello scarico e quindi nel mare moltissimi prodotti da pulizia altamente inquinanti. Esiste la regolamentazione per detersivi che è molto restrittiva mentre diverso è il caso dei cosmetici. Il Nuovo Regolamento Europeo stila difatti una lista di sostanze naturali e chimiche consentite e le loro quantità massime per la sicurezza della salute umana, ma nulla in merito alla biodegrabilità o all'ecosostenibilità.

C'è la reale e crescente esigenza di avere chiarezza anche in merito a questo per la cosmesi perché, se da una parte è vero che un ingrediente naturale non sempre è sinonimo di sicurezza poiché può scatenare reazioni allergiche, dall'altra parte però se pensiamo a quante volte ci laviamo le mani durante il giorno o alla doccia quotidiana, è sicuramente maggiore la quantità di tensioattivi, derivanti dai cosmetici, che finisce negli scarichi domestici rispetto a quella derivante dall'utilizzo della lavatrice o della lavastoviglie.

Il report di COLIPA (Associazione delle Industrie Cosmetiche Europee) del 2012 riporta i seguenti dati inerenti la distribuzione dei consumi dei prodotti cosmetici:

Prodotti cosmetici	Dose usata	Frequenza
Balsamo per capelli	14 grammi	1-2 volte/settimana
Shampoo	12 grammi	2-7 volte/settimana
Doccia schiuma	5 grammi	1-2 volte/giorno
Sapone solido	0,8 grammi	3-6 volte/giorno

Da questi dati, è stato calcolato che il consumo medio pro-capite è di 12 grammi al giorno, e tenendo conto che la popolazione dell'UE è di circa 500 milioni di persone, ciò che viene scaricato ogni anno nei mari è pari a 2,2 milioni di tonnellate di cosmetici!

Tradotto in altri termini:
OGNI GIORNO SI RIVERSANO 6000 TONNELLATE DI COSMETICI NELL'AMBIENTE!!!

Ecco perché è molto importante pensare in termini non solo "dermo-compatibili" ma anche ecologici.
Nel voler concretizzare una cosmesi tutta "green", si sono delineati sostanzialmente 4 tipi di cosmetici: cosmetico naturale, cosmetico naturale con ingredienti biologici, cosmetico biologico, cosmetico ecosostenibile.
Per tutte queste tipologie di cosmetici è ammesso solo il 5% in peso di altri ingredienti quali conservanti, additivi, regolatori di pH e fragranze sul prodotto totale. Il resto è acqua, ingredienti naturali o di derivazione vegetale. Le differenze stanno nella quantità degli ingredienti principali perché:
- *Cosmetico naturale*: s'intendono generalmente quei prodotti che non hanno subito alterazioni chimiche o di sintesi di qualsiasi genere. Essi sono derivati da piante e/o animali o minerali ottenuti con tra-

sformazioni fisiche come distillazione, filtrazione e spremitura e sono scritti in latino; contengono come conservati ingredienti naturali di origine vegetale o animale;

- *Cosmetico naturale con ingredienti biologici*: Sul totale degli ingredienti presenti nel prodotto é ammesso un minimo del 70% in peso d'ingredienti provenienti da fonti biologiche controllate e devono essere certificati quanto tali. Il resto proviene da agricoltura convenzionale;

- *Cosmetico biologico*: gli ingredienti, presenti almeno per il 95%, devono provenire da fonti biologiche controllate e/o da raccolta spontanea certificati dalle autorità competenti autorizzate. Biologico non significa solo naturale, ma anche sano, poiché le pratiche biologiche, che non fanno uso di sostanze chimiche di sintesi, avvengono nel rispetto della natura e della persona. Per riconoscere un cosmetico "bio" non ci si deve fermare al nome di fantasia, ma bisogna cercare l'ente e il codice che attestano il vero biologico;

- *Cosmetico ecocompatibile*: oltre che biologici, devono avere un basso impatto ambientale che deve essere garantito dal punto di vista delle materie prime, dei prodotti finiti, dei processi di distribuzione (esempio i km zero) e dell'uso finale da parte del consumatore (packaging riciclabile). Si parla cioè di LCA "Life Cycle-Assessment" ovvero la valutazione di un intero ciclo di vita di un prodotto in termini di energia: quanta energia è stata consumata per produrre il prodotto, quante ne è servita per il trasporto fino alla distribuzione al dettaglio. Trasportare per moltissimi km una certa sostanza, come ad esempio l'olio di cocco, implica un consumo molto importante di petrolio: dovremmo iniziare ad imparare che l'olio di cocco non è solo naturale, ma implica anche una certa frazione petrolifera a carico. Da qui nasce il concetto dei km zero, ovvero prodotti nelle nostre aree geografiche che evitano al contempo non solo l'inquinamento ma anche la distruzione dell'ecosistema soprattutto nei paesi che producono materie prime di interesse da parte delle grandi aziende.

Ad esempio è bene evitare prodotti (cosmetici ed alimentari) che contengano burro di palma perché per la coltivazione delle piante di palma si stanno deforestando continuamente terreni tra la Malesia e l'Indonesia, il che sta portando a grossi cambiamenti climatici e ad una maggior immissione di CO_2.

Gli enti di certificazione al momento non tengono conto del LCA, ma questa è la tendenza futura. Addirittura l'impegno delle aziende è rivolto anche alla riciclabilità del packaging piuttosto che dell'imballaggio e via dicendo.

ENTI DI CONTROLLO AUTORIZZATI...
il mondo delle certificazioni

Gli enti di controllo autorizzati che rilasciano la certificazione di "biologico, ecologico e naturale", più diffusi in Europa sono ICEA, AIAB, CCPB, EcoCert, BDIH, Soil Association. Chi vuole ottenere la certificazione da parte di uno di questi enti, deve aderire a disciplinari molto precisi che riguardano:
- Scelta delle materie prime, (le materie biologiche devono essere in quantità maggiore rispetto agli altri ingredienti, non ci devono essere ingredienti testati su animali, assenza d'ingredienti di provenienza petrolchimica con liste negative o positive che cambiano a seconda dell'ente certificatore considerato);
- Processo di produzione a basso impatto ambientale;
- Stoccaggio;
- Packaging riciclabile.

AIAB
www.aiab.it
(italiano)

BIOAGRICERT
www.bioagricert.org
(italiano)

COSMETICO BIOLOGICO   COSMETICO NATURALE CON INGREDIENTI BIOLOGICI   COSMETICO BIOLOGICO

CCPB
www.ccpb.it
(italiano)

ICEA
www.icea.info/it
(italiano)

ECOCERT
www.ecocert.org / www.ecocertitalia.it
(francese / italiano)

COSMÉTIQUE BIOLOGIQUE

COSMEBIO
www.cosmebio.org
(francese)

SOILASSOCIATION
www.soilassociation.org
(inglese)

BDIH
www.kontrollierte-naturkosmetik.de
(tedesco)

C'è l'intento di uniformare i vari marchi di certificazione per cui a livello europeo in futuro probabilmente ne resteranno solo due: il **Cosmos Standard** e il **Natrue**.
Queste due certificazioni tendono a distinguere il cosmetico biologico da quello naturale, ma con criteri diversi, con lo scopo finale di garantire una maggior sicurezza alla salute umana ed un basso impatto all'ambiente.

Gli ingredienti non ammessi e non utilizzabili nei cosmetici biologici, per entrambi gli enti di certificazione, sono:
- paraffine e siliconi;
- profumi e coloranti di sintesi;
- sostanze sottoposte a radiazioni ionizzanti;
- OGM;
- ingredienti provenienti da animali morti;
- ingredienti etossilati (vari PEG).

È doveroso comunque dire che al momento la certificazione di un prodotto cosmetico non sempre è garanzia di biologico vero e proprio perché le normative non sono ancora così serie e rigide e perché gli enti certificatori testano solo poche materie e non tutte completamente. Al momento è meglio affidarsi alla lettura completa (inclusi gli eccipienti) dell'etichetta e alla conoscenza della storia dell'azienda.

Attualmente l'unico sistema pubblicato sulla Gazzetta ufficiale europea è quello relativo a **EcoLabel UE** (Regolamento CE n. 66/2010) un marchio di qualità ecologica europea che certifica e promuove prodotti e servizi che nel loro ciclo di vita produttivo presentano un basso impatto ambientale.

Questo marchio spazia in diversi settori come la chimica, il tessile, l'edilizia, l'elettronica e la detergenza ed è rappresentato dal simbolo di una margherita.

Si tratta di un sistema di certificazione ufficiale riconosciuto a livello europeo ma poco noto al grande pubblico a cui fanno parte organismi competenti, rappresentanti delle associazioni ambientaliste, consumatori e industria. È un atto volontario e selettivo, a diffusione europea tanto che il marchio può essere usato nei 27 Stati Membri dell'Unione europea così come in Norvegia, Islanda e Liechtenstein. Esso definisce l'impatto ambientale del prodotto ma nulla dice sul biologico. In particolare valuta l'impatto dei prodotti di risciacquo, sia personale che professionale, sull'ambiente acquatico, perché proprio questi hanno il maggior impatto dovuto alle grandi quantità riversate nell'ambiente. Il marchio EcoLabel è utilizzato per diverse tipologie di prodotti, come detersivi e tessuti ecologici, ma anche saponi, shampoo e bagnoschiuma (prodotti da risciacquo).
Ad esempio ci sono sostanze cosmetiche (zinco piritione negli shampoo antiforfora) che pur non essendo irritanti per l'uomo, sono forti inquinanti dell'ambiente.

Le certificazioni sono un sostegno, non una soluzione di tutto. Una volta trovato il prodotto adatto a noi, alle nostre esigenze, è possibile optare per i prodotti eco-bio rispetto al prodotto tradizionale.

COSMESI ECOLOGICA

Vi sono alcuni simboli riportati in etichetta che aiutano il consumatore a capire e a contribuire all'ecosostenibilità del pianeta.
I più comuni sono:

 Indica che il materiale dell'imballaggio è riciclabile o che è stato fatto in parte con materiale riciclabile (direttiva europea del 1983 sugli imballaggi)

 I numeri da 1 a 6 indicano il tipo di materiale plastico utilizzato

 È un altro modo di indicare il materiale plastico dell'imballaggio. In questo caso si tratta di polietilentereftalato che corrisponde al numero 1

 Il produttore aderisce ai consorzi, previsti dalla legge, per organizzare il recupero e il riciclaggio degli imballaggi

 I prodotti sono stati lavorati senza causare sfruttamento e povertà nei paesi dei sud del mondo e sono stati acquistati secondo i criteri del commercio equo e solidale.

Questa è la tendenza del futuro, valutare non solo la dermocompatibilità ma soprattutto l'ecosostenibilità.

COSMESI NON TESTATA SUGLI ANIMALI

Dopo una lunga battaglia per evitare la sperimentazione sugli animali, ecco le principali tappe valide in UE:
- anno 2004: divieto di sperimentazione del prodotto finito sugli animali;
- anno 2009: divieto di eseguire numerosi test (ma non tutti) per gli ingredienti cosmetici e divieto di commercializzazione di prodotti cosmetici ed ingredienti testati su animali;
- anno 2013: divieto di eseguire qualsiasi sperimentazione sui nuovi ingredienti cosmetici e divieto di commercializzazione dei prodotti testati.

Dal 2004 non è stato più possibile testare il prodotto finito sugli animali, ma era ancora libera la sperimentazione dei singoli ingredienti. A partire poi dal 2009 è scattato il divieto nell'UE di fare una serie di test su animali - ma non tutti – per i nuovi ingredienti cosmetici. Si è dovuto aspettare l'11 marzo 2013 per l'entrata in vigore in Europa del divieto di qualsiasi test su animali sia per i prodotti cosmetici finiti che per gli ingredienti dei cosmetici.

I test che ancora erano permessi sugli animali ma che ora non sono più fattibili erano:
- **tossicità ripetuta** (agli animali vengono somministrate basse dosi di sostanza da testare per periodi di tempo lunghi, anche per tutta la vita dell'animale);
- **tossicità riproduttiva** (la capacità della sostanza di creare difetti nella prole, quando somministrata a un animale in gravidanza);
- **tossicocinetica** (come la sostanza raggiunge le cellule e gli organi e causi eventuali danni biologici).

Da marzo 2013 in Europa non possono più essere commercializzati prodotti cosmetici che abbiano al loro interno ingredienti testati su animali. Questo significa che non è più un vanto dell'azienda la scritta "no ai test su animali", poiché lo è diventato obbligatorio per legge per tutte le aziende. Così come non è più un vanto essere iscritto alle liste "cruelty free" che ancora viaggiano in rete. Sono solo trovate di puro marketing. Oltretutto le famose liste che compaiono nei motori di ricerca non sono documenti ufficiali che confermano LE reali certificazioni che l'azienda ha conseguito. I motori di ricerca fanno appunto delle ricerche, abbinano cioè delle parole chiave e questo non è detto che sia sinonimo di realtà.

La sicurezza di praticamente tutti gli ingredienti cosmetici che si trovano sul mercato europeo è sempre stata assicurata dalla precedente sperimentazione su animale per cui tutte queste materie che continuano ad essere usate anche da chi afferma che "non è testato sugli animali/cruelty free" lo sono state in passato. Se qualcuno in tempi addietro non avesse realizzato i test di sicurezza obbligatori, non sarebbero disponibili oggi gli ingredienti per i cosmetici.

Anche se niente è veramente "cruelty free" perché tutte le sostanze che sono state sperimentate su animali negli anni passati possono essere usate tranquillamente (i cosmetici non diventano fuorilegge) c'è comunque la volontà di andare avanti e di perseguire strade alternative più etiche e affidabili allo stesso modo. Vi sono ancora dei punti su cui manca chiarezza come ad esempio il fatto che un certo ingrediente può venire prodotto per altri scopi, come quello destinato ad un farmaco o un detersivo, e non essere sottoposto a questa direttiva. Tale divieto di sperimentazione perciò vale solo per i prodotti cosmetici e non per i detersivi, né per i farmaci.

Questo significa che se un'azienda produce detersivi, può continuamente testare gli ingredienti sugli animali. E se poi un giorno l'azienda decide di impiegare questi ingredienti nel cosmetico, lo può fare perché i test non erano per scopi inerenti la cosmesi ma per altro.

Anche nel caso di un farmaco l'ingrediente potrà essere soggetto a test su animali se non vi sono test alternativi e spesso un ingrediente presente in un farmaco potrà poi essere impiegato anche nei cosmetici.

Fermo restando la volontà dei consumatori di essere più o meno consapevoli di questo, le aziende che commercializzano in tutto il mondo i loro prodotti, si comporteranno in due modi differenti: in Europa non potranno utilizzare gli ingredienti testati sugli animali, mentre nel resto del mondo lo potranno continuare a fare.

Con grande meraviglia vi sono alcuni Paesi che pur non facendo parte dell'UE hanno espresso la volontà di uniformarsi a tali scelte europee. Al momento gli Stati che si stanno adeguando sono Cina, Brasile e India. Dal 13 novembre 2014, in India è proibito importare prodotti cosmetici testati sugli animali. L'India diventa perciò il primo paese dell'Asia meridionale a uniformarsi alle politiche europee in merito alla salvaguardia degli animali da laboratorio.

Come possiamo allora muoverci ed acquistare in tutta serenità i prodotti cosmetici? Sicuramente acquistare cosmetici made in UE è la prima forma di garanzia che il consumatore attento può avere proprio per le leggi in vigore.

Per i consumatori che cercano aziende che vogliono essere veramente rispettose per gli animali ecco alcune regole da verificare seriamente per non fermarsi alla prima lista di aziende trovata sul web:

- non scegliere aziende che continuano a testare i singoli ingredienti né a commissionare a terzi questi test;
- per gli ingredienti comprati già testati dai fornitori l'azienda deve dichiarare che i test sono avvenuti prima di un dato anno a sua scelta (quale anno? 1995? 2005? Quale insomma?) e impegnarsi a non comprare ingredienti testati dopo quell'anno. Chiedere l'anno all'azienda;
- No! a ingredienti chimici, di sintesi, nuovi. Altrimenti per la sicurezza rischierebbe di essere o nocivo per l'uomo o di essere testato sugli animali;
- Si! a ingredienti nuovi completamente vegetali (perché questi non sono soggetti ad obbligo di test su animali) o anche di sintesi, ma già in commercio prima dell'anno scelto.

Rimane fermo il concetto che non è più un vanto almeno in UE avere prodotti "cruelty free" poiché lo è per legge. Purtroppo le certificazioni costano molto e o l'azienda se lo può permettere o ne farà a meno. Certo è che per assurdo la piccola ditta che produce biologico e con ingredienti sicuri, totalmente e dichiaratamente cruelty-free e che non può affrontare questo tipo di spese, non otterrà la certificazione, che è "roba da ricchi". Capite quanto poco serio è ciò che si trova in rete?

La serietà dell'azienda sarà quindi quella di impegnarsi ad usare nuove materie prime testate solo su volontari o tramite prove in vitro e non usare ingredienti già testati in precedenza su animali.

COSMESI VEGAN

Ci sono aziende cosmetiche che vanno oltre, perché s'impegnano a fare una cosmesi non solo nel rispetto della pelle e dell'ambiente, ma anche degli animali. Si definisce cosmesi vegana la cosmesi che non utilizza alcun ingrediente di derivazione animale. Quindi non solo gli ingredienti non sono testati sugli animali, ma anche non sono più utilizzati ingredienti di origine animale proprio nell'ottica del pensiero vegano che è quello di rispettare gli animali a 360°.

La cultura vegan coinvolge ed appassiona. L'Eurispes (Istituto di Studi Politici, Economici e Sociali, www.eurispes.eu) ha evidenziato negli ultimi studi del 2014 che in Italia il numero di vegani è in continuo aumento. 600.000 vegani e 5 milioni di vegetariani, pari al 7,1% della popolazione italiana. Sta diventando un pensiero sempre più condiviso dal momento che vi è aumento annuo medio di circa il 15% di persone che abbracciano questo modo di vivere. A presentare i dati Renata Balducci, presidente dell'Associazione Vegan Italiani.

Spesso l'azienda che sceglie di non utilizzare ingredienti di origine animale ha come valide alternative a disposizione ingredienti di derivazione vegetale, sintetica o biotecnologica con funzionalità analoghe e per di più, spesso, a costo industriale inferiore.

Cosmesi vegana non significa assolutamente una cosmesi più povera o meno efficace. È una scelta etica individuale che ciascuno di noi sarebbe bene che prendesse per un momento in considerazione. Non esistendo ancora un ente tecnico riconosciuto che certifica la cosmesi vegana, sono nati diversi marchi, diverse certificazioni vegane che variano le modalità di certificazione in base alla nazione e al concetto ideologico seguito.

Le più note sono:

VEGAN SOCIETY
Per la certificazione vegana delle aziende di cosmesi e alimenti. È un ente inglese che certifica che il prodotto non contenga derivati animali e che la produzione non implichi sperimentazioni animali. (http://www.vegansociety.com)

ICEA VEGAN
In collaborazione con la LAV (Lega Anti Vivisezione) fornisce una certificazione per le aziende produttrici di cosmetici, conforme allo "Standard Internazionale Non testato su animali".

VEGAN OK
Marchio di autocertificazione italiana etica. Garantisce che nessuna sostanza/parte utilizzata per la realizzazione dei prodotti certificati sia di origine animale o comporti per la sua estrazione/lavorazione procedure di sfruttamento degli animali.

È doveroso dire che questi marchi non sono così indispensabili poiché se il consumatore è attento e riesce a capire l'etichetta dei cosmetici, allora capirà da sé se c'è presenza di ingredienti di derivazione animale o meno.
Esempio d'ingredienti di origine animale, che non si dovrebbero trovare nei cosmetici dichiarati vegani sono:

Acido jaluronico: SODIUM HYALURONATE (solo se di derivazione animale. Se ottenuto dalle biotecnologie allora è ammesso)
Bava di lumaca: HELIX ASPERSA
Cera d'api: CERA ALBA, BEES WAX
Cocciniglia: E120, CI 75470
Cheratina: KERATIN, HYDROLYZED KERATIN
Chitina e chitosano: CHITIN, CHITOSAN (estratto dalle chele dei granchi)

Colesterolo: CHOLESTEROL
Collagene: COLLAGEN, SOLUBLE COLLAGEN, HYDROLI-ZED COLLAGEN
DNA
Elastina: ELASTIN, HYDROLYZED ELASTIN
Gelatina: GELATIN
Glicerina: GLYCERIN (non c'è distinzione in INCI se sia di origine animale o vegetale). Ammessa solo quella vegetale
Grasso di bovino: ADEPS BOVIS
Grasso di suino: ADEPS SUILLUS
Lanolina: LANOLIN
Lardo: LARD
Latte, panna, siero di latte: LACTIS LIPIDA, LACTIS PROTEI-NUM, LAC, CAPRAE LAC (latte di capra)
Lattosio: LACTOSE
Miele: MEL o HONEY
Olio di pesce: FISH OIL
Pappa reale: ROYAL JELLY, ROYAL JELLY EXTRACT
Placenta: HYDROLIZED PLACENTAL PROTEIN, PLACENTAL PROTEIN, PLACENTAL EXTRACT
Propoli: PROPOLIS CERA / PROPOLIS EXTRACT
Proteine della seta: HYDROLIZED SILK PROTEIN, SERICIN, FIBROIN
Sego animale: TALLOW/SODIUM TALLOWATE
Squalene: SQUALENE (vale lo stesso discorso dell'acido jaluronico)
Uova: EGG, EGG OIL, EGG EXTRACT, EGG POWDER, EGG YOLK, EGG YOLK EXTRACT

ESERCIZIO: Se la pelle parlasse, sceglierebbe:

Fino a qui abbiamo quindi capito che la scelta del cosmetico non è banale per una persona attenta sia al benessere della pelle che dell'ambiente. Abbiamo capito quante "insidie nascoste" si possono celare e quanto è importante la lettura dell'etichetta.

Non è sufficiente fermarsi a ciò che viene scritto o detto, è molto più serio verificare gli ingredienti. E per conoscere gli ingredienti cosmetici è fondamentale formarsi.

Abbiamo anche capito che di cosmesi ce ne sono di tutti i gusti: tradizionale, vegetale, ecologica, vegana.

Ma se la pelle parlasse cosa sceglierebbe?

Scrivi cosa significa prodotto cosmetico "DERMOCOMPATIBILE"
1) _____
2) _____
3) _____
4) _____

Scrivi cosa significa prodotto cosmetico "ECOSOSTENIBILE"
1) _____
2) _____
3) _____
4) _____

ALCUNE RISPOSTE A DUBBI E DOMANDE PIÙ FREQUENTI

D: Cos'è un cosmetico?
R: È una preparazione diversa dai farmaci che ha lo scopo di mantenere in buono stato, pulire e profumare l'organo pelle. Non ha proprietà terapeutiche e la sua azione, per legge, è riservata a epidermide (strato superficiale della pelle), unghie, capelli, peli, ghiandole sebacee e sudoripare. Non può quindi agire in profondità, come "sciogliere i grassi" (soprattutto mentre si dorme), ma ha un'azione superficiale volta a preservare l'idratazione e la bellezza della pelle.

D: Se uso sempre la stessa crema, la pelle si abitua?
R: No, è una falsa conclusione. La pelle cambia nel tempo, invecchia e, cambiando, anche le sue esigenze si trasformano. Spesso la gente pensa che mettendo la stessa crema, questa non funzioni perché inizia una sorta di assuefazione. In realtà usando la solita crema, questa non riesce più a compensare le esigenze della pelle che nel tempo si sono modificate. Il cosmetico che decidiamo di prendere deve sempre rispondere alla domanda: "di cosa ha bisogno la pelle oggi?".

D: "I cosmetici non servono a niente, sono solo delle illusioni".
R: Falso, se i cosmetici sono ben formulati e se sono usati con regolarità tutti i giorni, apportano benefici alla pelle in termini di idratazione e di protezione da agenti esterni. Viceversa se i cosmetici sono formulati in modo non dermocompatibile e poco efficace, come fa molto spesso la cosmesi tradizionale, l'apporto dato è minimo e allora si che non servono a granché.
Più il cosmetico è formulato con ingredienti affini alla pelle e maggiore è l'effetto nel breve e lungo termine.

D: Più una crema è costosa e più è buona?
R: Falso, spesso dietro al prezzo c'è la spesa per il marketing, per la pubblicità e per il packaging. Molte creme in profumeria, ad esempio, hanno un INCI povero in sostanze funzionali e ricco in eccipienti petroliferi o acrilici o siliconici. In questo caso il prezzo non giustifica la scelta degli ingredienti ma del testimonial.

D: Un cosmetico che aiuta a "ridurre le rughe", funziona davvero?
R: Tenendo conto che le rughe possono essere paragonate a delle cicatrici, è chiaro che una volta formate non spariscono con alcun tipo di cosmesi. Esse si formano più facilmente su una pelle maltrattata da fumo, sole, alimentazione scorretta, poco sonno e, in generale, da uno stile di vita eccessivamente stressante. In tal caso non è pensabile che un cosmetico possa, agendo dall'esterno, fare i miracoli. Viceversa se la persona ha adottato uno stile di vita corretto ecco che la crema definita "antiage" potrà veramente contribuire a prevenire/ritardare l'insorgenza di rughe.
Non dimentichiamo che il pensiero positivo distende i tratti del viso rendendo la pelle più luminosa e meno contratta di quando si hanno pensieri non proprio sereni. Numerose riviste e trasmissioni focalizzano l'attenzione più sul processo di invecchiamento che sul mantenersi belle a qualsiasi età. La scelta di un buon cosmetico dermocompatibile e adeguato alla tipologia di pelle ed età può fare veramente la differenza.
Non è sufficiente aver comprato un buon cosmetico ma è più importante l'azione ovvero l'utilizzo quotidiano di questo perché è la costanza di ogni giorno che mantiene bella la pelle.

D: Cosmetico senza glutine
R: Trovata pubblicitaria che non ha nulla a che vedere con il glutine degli alimenti. Il glutine se ingerito può portare pesanti disturbi alle persone celiache, ma a contatto con la pelle no, perché il glutine

è una proteina che dà intolleranza alimentare e non allergia. Oltrettutto si tratta di una molecola di grandi dimensioni che non riesce a penetrare attraverso la pelle.

D: I conservanti sono sempre consentiti? Anche nel cosmetico biologico?
R: Si, dal momento che dove c'è acqua c'è vita, ci saranno sempre anche microrganismi che si svilupperanno. È sempre più pericoloso un cosmetico privo di conservanti che uno che li ha!
Un prodotto biologico dermocompatibile non solo dovrà contenere piccole percentuali di conservanti, ma anche la scelta è limitata ad alcuni consentiti come ad esempio: Benzoic Acid, Dehydroacetic acid, Propionic Acid, Salicylic Acid, Sorbic Acid, Benzyl Alcohol. Vi sono aziende molto attente a questo argomento che utilizzano sostanze vegetali con azione batteriostatica al posto dei classici conservanti ad azione battericida. Ad esempio il phenetyl alcohol ricavato dai petali di rosa impedisce lo sviluppo microbico e al tempo stesso risulta molto rispettoso per la pelle.
Un prodotto di questo tipo ha una durata ovviamente inferiore a quelli presenti nel mercato (durata inferiore a 30 mesi) per cui sarà accompagnato dalla data di scadenza (mese/anno) o dalla dicitura *"da consumarsi preferibilmente entro il..."*
oppure dal seguente simbolo:

D: Che differenza c'è tra "ipoallergenico" e "anallergico"?
R: Il termine "ipoallergenico" limita la possibilità di insorgenza di allergia, mentre anallergico la azzera.

D: Cos'è il PAO?

R: È il simbolo della durata del cosmetico una volta che questo è stato aperto. Vale per i prodotti che durano più di 30 mesi dal momento della produzione ed il simbolo del barattolino aperto indica che solo dopo che il cosmetico è stato aperto, è obbligatorio consumarlo nei mesi indicati. Maggiori sono i mesi e più conservanti sintetici e materie di origine petrolifera ha il prodotto.

D: Il petrolio fa male o è inerte sulla pelle?

R: Pensando a com'è fatta la pelle, è intuibile e logico affermare che non è assolutamente affine ad essa. Non siamo fatti di petrolio né di siliconi, per cui possiamo dire che questi derivati non ci danno alcun beneficio. Il problema, ad esempio, del paraffinum liquidum è che dipende molto dal grado di purezza, perché è ottenuto tramite processi di distillazione del petrolio stesso. E se un'azienda vanta un paraffinum liquidum di elevata qualità, certificato con le norme ISO, resta però sempre la domanda "ma che ci azzecca il petrolio con la pelle?". Se in un primo momento può dare un effetto idratante solo perché è altamente occlusivo, con il passare del tempo porta a bloccare la traspirazione naturale dell'acqua favorendo la macerazione dello strato corneo della pelle. A questo punto la pelle risulterà più permeabile all'ingresso di microrganismi e sostanze chimiche esogene con il rischio di infezioni microbiche e allergie. A tutto ciò si può aggiungere un grosso scompenso della flora microbica cutanea. Avete ancora voglia di acquistarlo??? Ti spalmeresti mai un po' di petrolio sulla tua pelle? Se la risposta è no, inizia a leggere l'etichetta e a non comprare più i cosmetici al cui interno sono presenti i derivati del petrolio (paraffinum liquidum, petrolatum, ozocherite, cera microcristallina, mineral oil, isoparaffin…)

D: Cosmetico non testato sugli animali
R: A partire dall'11 marzo 2013 tutti i prodotti cosmetici commercializzati in UE non devono essere testati sugli animali. In particolare non potranno più essere testati i singoli ingredienti o combinazioni di ingredienti e prodotti finiti sugli animali. È una regola che era entrata in vigore gradualmente nel 2004 fino ad arrivare ad oggi al divieto di commercializzazione, valido per qualunque cosmetico e non più prerogativa di alcune aziende.

D: Ci si può fidare di chi scrive una lunga lista di "non contiene"?
R: In genere vuole dare risalto a cosa non contiene, piuttosto che alla qualità ed efficacia dei suoi ingredienti. È come la storia del bicchiere mezzo pieno o mezzo vuoto. Su cosa è meglio porre l'attenzione? Su sostanze negative che non ci sono o sulla presenza di sostanze positive per la pelle?
È inoltre molto importante conoscere non solo le sostanze funzionali ma anche gli eccipienti del cosmetico.

D: Se è "naturale", significa che è "bio"?
R: No. La parola "naturale" non vuol dire che sia anche biologico o organico. Un ingrediente cosmetico naturale ha semplicemente subito un processo di estrazione fisica (distillazione, spremitura, essiccazione, filtrazione, ecc...), viene espresso in latino secondo la nomenclatura di Linneo e può essere di origine vegetale, animale o minerale. Un prodotto cosmetico naturale presenta un buon INCI in quanto avrà molte sostanze naturali (95%) di cui il 70% deve essere vegetale.
Un prodotto cosmetico biologico invece, presenta requisiti più restrittivi che interessano non solo la composizione del prodotto ma tutta la filiera produttiva: ingredienti provenienti da agricoltura biologica; devono essere tutti biodegradabili; devono essere estratti

mediante processi fisici per preservare il massimo rispetto ambientale; devono contenere piccolissime quantità (5%) di sostanze chimiche ammesse dagli enti certificatori per garantire la sicurezza del cosmetico mentre il 95% degli ingredienti vegetali deve essere di coltivazione biologica.

D: I prodotti "bio" sono realmente tutti validi ed efficaci?
R: Bisogna fare attenzione ad alcuni prodotti che si definiscono naturali/biologici solo perché contengono piccolissime percentuali di composti vegetali o perché presentano la parolina "BIO" nel nome commerciale (bio gocce di...). Da qui è importante capire in che posizione sono nell'INCI gli ingredienti in questione, perché sappiamo che sono messi in ordine decrescente.
Gli ingredienti provenienti da agricoltura biologica sono contrassegnati con un asterisco e in genere viene precisata anche la quantità presente. La reale efficacia del cosmetico dipende tantissimo dalla formulazione del prodotto stesso come la creazione di emulsioni molto piccole, microcellulari, che veicolano all'interno dell'epidermide le sostanze funzionali desiderate.

D: Tutti i cosmetici eco-bio sono certificati?
R: La certificazione è un atto volontario dell'azienda che li produce poiché in Italia non esiste ancora una normativa al riguardo. Chi decide di ottenere la certificazione deve seguire un protocollo abbastanza severo che soddisfi i requisiti. È di sicuro una maggior garanzia, ma è anche vero che ci sono aziende che, pur non certificando il prodotto per motivi economici, producono cosmetici bio a tutti gli effetti.
La certificazione comporta dei costi che inevitabilmente poi si vanno a sommare al costo totale del prodotto.

D: Che vantaggi / svantaggi hanno le creme naturali e bio rispetto alle creme convenzionali?

R: Le creme naturali e "bio" sono ricche di oli vegetali, sono dermatologicamente più attive ma, al contempo, meno gradevoli come odore e sono meno scorrevoli di quelle contenenti sostanze chimiche come i siliconi. Non soddisferanno le aspettative classiche, ma di certo la pelle ringrazierà! I cosmetici biologici hanno maggior affinità con la pelle, contengono percentuali più elevate di sostanze vegetali, al contrario di quelli tradizionali il cui effetto estetico è dato da siliconi e derivati petroliferi.

D: Che differenza c'è tra prodotti cosmetici "nickel free" o "nickel tested"?

R: Il nichel è un elemento chimico che si trova un po' dappertutto, dai cibi (come costituente biologico e come inquinante), alle falde acquifere, ai terreni, ai centesimi degli euro. Giunge al corpo per contatto diretto o attraverso la respirazione per cui non è possibile evitare il contatto assoluto con questo elemento.

La dicitura "nickel free" non è quindi corretta perché fa intendere che il prodotto ne è completamente privo. Viceversa la dicitura "nickel tested" certifica solo che sia contenuto al di sotto di un certo valore di parti per milione, ma non completamente assente.

D: Che differenza c'è tra "test di autovalutazione" e "test scientifici"?

R: I test di autovalutazione sono soggettivi perché raccolgono le impressioni dei volontari sul quel cosmetico, focalizzandosi solo su alcuni aspetti richiesti dall'azienda e dal marketing; mentre quelli clinici scientifici sono oggettivi e si basano su metodiche e protocolli ben definiti. Gli studi scientifici richiamati in pubblicità a sostegno dei vanti prestazionali del cosmetico dovrebbero essere adeguatamente accessibili magari anche attraverso rinvio alle pagine *web*.

D: Che qualità hanno i cosmetici cinesi rispetto a quelli europei?
R: I cosmetici cinesi che sfuggono ai controlli di sicurezza europei e che giungono in Italia hanno qualità assai dubbie che vanno dalla scelta di materie prime scadenti, alla presenza di sostanze pericolose per la salute (come i metalli pesanti) e ai quantitativi diversi rispetto a quanto dichiarato in etichetta. È frequente trovare notizie di sequestri di cosmetici e prodotti di consumo cinesi da parte dei NAS. Il problema è che essendo venduti a prezzi molto bassi, 1-2 euro, possono essere facilmente acquistati anche da teenager che non pensano minimamente alle insidie in essi presenti e che possono accumulare nel tempo sostanze nocive. Parliamo di rossetti all'arsenico, mascara al piombo e creme al nichel!L'invito è quindi di evitare di acquistare prodotti cosmetici a prezzi molto stracciati o che non presentino una chiara etichettatura esposti nei negozietti cinesi e non solo. Meglio orientarsi su prodotti europei che sono regolamentati da leggi che hanno come obiettivo la sicurezza del consumatore.

D: Quali sono, se ci sono, i più frequenti problemi legati a cosmetici non sicuri?
R: Le maggiori problematiche sono dermatiti da contatto irritative (DIC) e allergiche (DAC), fotodermatosi sia tossiche che pigmentarie, sensibilizzazione agli occhi.
In genere i prodotti in Europa sono sicuri, i maggiori problemi derivano da quelli contraffatti che possono essere stati prodotti senza rispettare le "buone pratiche di fabbricazione", con materie prime scadenti o non ammesse dalla legge. Oltre ai problemi di salute, chi acquista un cosmetico contraffatto può incorrere in sanzioni pecuniarie fino a 10.000 euro.

D: Chi controlla i cosmetici?
R: In Europa i cosmetici sono soggetti a diversi controlli quali:
- Nuovo Regolamento Europeo (1223/2009);
- Aziende cosmetiche stesse;
- Ministero della Salute;
- Autorità Sanitarie Nazionali Competenti: Istituto Superiore Sanità, NAS, dogane, Autorità Sanitarie regionali e locali (ARPA, ASL).

I link utili per visitare ogni singola autorità di controllo sono:

http://europa.eu/legislation_summaries/consumers/product_labelling_and_packaging/co0013_it.htm

http://www.salute.gov.it/cosmetici/archivioNormativaCosmetici.jsp?lingua=italiano&menu=normativa

http://www.farmacovigilanza.org/cosmetovigilanza/news/

http://www.agcm.it (per la comunicazione commerciale dei prodotti cosmetici)

http://www.cosmeticseurope.eu(in inglese)

Il consumatore però può fare la sua parte imparando a leggere l'etichetta.

D: Quali sono i compiti del Ministero della Salute?
R: Il Ministero della Salute ha i seguenti compiti: contrastare la distribuzione e la vendita di prodotti cosmetici che non rispettino i requisiti imposti dalla legge; raccogliere e verificare le segnalazioni relative alle reazioni avverse dovute all'impiego di cosmetici pro-

dotti nel rispetto della legge (anche i singoli consumatori possono far pervenire al Ministero) ed infine contrastare l'utilizzo di affermazioni che attribuiscono al prodotto proprietà terapeutiche.

D: È possibile vendere cosmetici sfusi, come vale un po' per i detersivi e certi alimenti?
R: No, è un argomento molto complesso che richiede normative solide e serie. Mentre nel caso dei detersivi sfusi è possibile venderli in confezioni, anche riciclabili, che riportano l'elenco degli ingredienti, come da normativa europea ed italiana, in caratteri leggibili, visibili e indelebili così come nel caso di certi alimenti è obbligatorio esporre un cartellino con l'elenco degli ingredienti all'interno dei negozi, per i cosmetici non è così semplice. Il Nuovo Regolamento Europeo al fine di garantire la sicurezza dei cosmetici prevede che tutti i cosmetici siano fatti seguendo le "Buone norme di fabbricazione" (GMP) dalla produzione fino alla distribuzione e prevede la figura del responsabile per ogni preciso cosmetico che viene venduto. Un cosmetico sfuso potrebbe causare maggiori allergie e dermatiti o contenere ingredienti fuorilegge o essere conservato male o contaminato. Non è al momento intenzione percorrere una strada così rischiosa né da parte delle aziende né da parte dell'UE.

> *"L'importante è non avere le grinze al cervello. Quelle in faccia prima o poi t'aspettano al varco."*
>
> *[Anna Magnani]*

CONSERVAZIONE DEI PRODOTTI COSMETICI

USARE IL BUONSENSO

- aprite ed usate una confezione alla volta;

- non aprite le confezioni al supermercato solo per sentire la profumazione. Scatta già il PAO! E le persone che vengono dopo di voi acquistano un prodotto già scaduto;

- evitate di lasciare i prodotti aperti ed inutilizzati per tempi troppo lunghi;

- ogni volta che usate un cosmetico richiudetelo con cura. Si deve prestare attenzione come se fosse un alimento!

- se il colore o l'odore di un prodotto sono cambiati, è preferibile sospendere l'uso e gettarlo via;

- conservate i cosmetici soprattutto quelli con un termine d'uso limitato in luoghi freschi, asciutti e al riparo dalla luce e fonti di calore;

- non diluite mai un cosmetico, né miscelatelo con altri prodotti. La miscela di uno o più cosmetici può essere effettuata se prevista espressamente dalle istruzioni d'uso;

- prima di riutilizzarli pulite e asciugate i sistemi di ricarica;

- si raccomanda l'applicazione di una crema dopo essersi lavati le mani. Può essere utile l'uso di una spatola pulita, talvolta presente nella confezione, per evitare proliferazioni batteriche ed ossidazione. Meglio comunque optare per una crema con erogatore piuttosto che vasetto;

- nel caso di mascara ed eyeliner evitate di pompare aria nel contenitore muovendo su e giù lo spazzolino perché si introdurrebbero troppa aria e germi. Il mascara andrebbe cambiato ogni mese e mezzo per preservare l'integrità dell'occhio;

- se più persone usano lo stesso prodotto, informatele del modo corretto di utilizzo;

- lavate periodicamente ed accuratamente le spugnette, le spatole e gli spazzolini per il trucco con sapone, detergenti o shampoo delicati e lasciateli poi asciugare completamente prima del loro impiego;

- nel caso di prodotti solari ponete la massima attenzione a che non siano lasciati aperti o richiusi con tappi sporchi di sabbia.

> *"Il buonsenso e le conoscenze
> che si applicano agli alimenti
> valgono anche per i cosmetici."*

VI SVELO ALCUNI TRUCCHETTI!

Dopo questo viaggio nel mondo della cosmesi, lascia che ti spieghi cosa puoi fare se hai in casa un prodotto a base petrolifera e non vuoi più usarlo, oppure cosa fare in caso di, ad esempio, dermatite atopica oppure come evitare di spendere tanti soldi per trovare la crema giusta o come capire se la glicerina fa bene o fa male alla pelle. Ecco qualche trucco:

- Se a casa hai un **prodotto a base petrolifera**, essendo il petrolio una sostanza "eterna" e indistruttibile, puoi utilizzarlo su divani, borse o scarpe, giubbotti in pelle! Il derivato del petrolio crea una pellicola che per la nostra pelle (che è viva) non va bene, ma che per la pelle del divano e altre suppellettili (che è morta perché non riceve più nutrimento) ha bisogno di essere protetta. Ah dimenticavo che oli a base di derivati petroliferi o siliconici possono andar bene anche per stipiti della porta che cigolano o catene di bicicletta!

- In caso di pelle affetta da dermatite atopica o anche psoriasi, spesso non si riesce a trovare la crema giusta. In questo caso, se non trovi nulla di soddisfacente, puoi mettere dell'**olio extravergine d'oliva** sulla pelle e assumere il gemmoderivato di ribes nero che è un antinfiammatorio naturale. Poi integrando con omega3 preferibilmente di origine algale e vitamina D3, il risultato migliora ancora di più.

- Parliamo di glicerina. La **glicerina** è una molecola organica che presenta 3 gruppi idrossilici –OH che sono avidi di acqua (funzionano come delle calamite per la molecola di H_2O). Se nella crema è presente tanta glicerina (compare nei primi tre posti in etichetta) o se l'umidità ambientale è troppo bassa questa, anziché apportare acqua alla pelle, la andrà a prelevare dalla pelle stessa creando un effetto disidratante. Se invece l'umidità dell'ambiente è elevata (giornata di pioggia, ad esempio) andrà ad idratare la pelle. E tutto questo indipendentemente se la glicerina è vegetale o minerale o animale. Ideale è trovarla almeno dalla 5^ posizione in poi.

- Esistono delle regole per una **corretta esposizione al sole**.
1) il prodotto solare non deve essere utilizzato a distanza di 1 anno perché perde decisamente la sua capacità filtrante. Meglio quindi continuare ad usarlo come se fosse una crema idratante, se non vuoi buttarlo via;
2) i prodotti solari vanno applicati almeno 30 minuti prima dell'esposizione solare perché in quei 30 minuti i filtri non sono attivi e la pelle non è protetta. È curioso vedere quante persone arrivano in spiaggia e iniziano a spalmarsi la crema;
3) è importantissima anche la difesa del cristallino dell'occhio perché la prima causa di cataratta (fotosclerosi del cristallino) è proprio l'irraggiamento solare.

- Prodotti a base di "**muschio bianco**" o semplicemente di "muschio": buttali via perché sono tutti a base di Ftalati, molecole che si comportano da disturbatori endocrini. Perché sia vero il muschio, in INCI, deve comparire il nome "condrus crispus".

- Per i **bambini**, valgono le seguenti regole cosmetiche:
1) Non usare assolutamente petrolio
2) preferire detergenti delicati, non schiumogeni
3) il miglior solare è maglietta e cappellino
4) non usare profumi, oli essenziali (è da 0-3 anni che si sviluppano le sensibilizzazioni ai profumi che sfoceranno poi in allergie da adulti).

"Gli anni possono riempire
la pelle di rughe,
ma la mancanza di entusiasmo
avvizzisce l'anima."

VADEMECUM: lista degli ingredienti che è meglio evitare

Una lista di ingredienti da evitare con cura perché non dermocompatibili e non ecologici!
Se invece volete una cosmesi vegan, evitate sostanze di derivazione animale già menzionate precedentemente!

CREME VISO E CORPO:

Ingrediente cosmetico:
Paraffinum Liquidum
Petrolatum
Mineral Oil
Cera Microcristallina
Ceresina
Ozocherite

Funzione:
Emolliente - Derivati del petrolio, creano una pellicola impermeabile sulla pelle che si macera.
Nel tempo inquinano i mari, fiumi.

Ingrediente cosmetico:
Methicone
Siloxane

Funzione:
Emollienti - Sono tutti derivati siliconici. Seccano moltissimo la pelle tanto che costringono ad usarne sempre di più.

Ingrediente cosmetico:
Butilparaben
Etilparaben
Metilparaben
Propilparaben

Funzione:
Conservanti - Disturbatori endocrini.

Ingrediente cosmetico:	Funzione:
Imidazolidinyl urea DmdmHydantoin 2-bromo-2-nitropropane- 1,3-diol Bronopol Bronidox Diazolidinyl-urea 5-bromo-5-nitro- 1,3-dioxane	*Conservanti* - Cessori di formaldeide, sostanza cancerogena di classe 2.

Ingrediente cosmetico:	Funzione:
Methylchloroisothiazolinone Methylisothiazolinone Triclosan	*Conservanti* - Allergizzanti Allergizzante e distruttore dell'ecosistema cutaneo. Ha la molecola simile alla diossina! Cancerogeno!

Ingrediente cosmetico:	Funzione:
BHA BHT	*Antiossidanti e conservanti* - sigle alimentari E320, E 321 Disturbatori endocrini.

Ingrediente cosmetico:	Funzione:
Alcohol Alcohol denat	*Solventi* - Seccano la pelle se in eccesso.

Ingrediente cosmetico:	Funzione:
Propylen Glycole	*Solvente ed emulsionante* - Aumenta la permeabilità della pelle. Usato come antigelo nelle auto.

DEODORANTI:

Ingrediente cosmetico:
Alluminum chlorohydrate

Funzione:
Astringente - L'alluminio se usato per lunghi periodi di tempo ha effetto tossico sul sistema nervoso.

SHAMPOO E DETERGENTI:

Ingrediente cosmetico:
Cocoamide DEA, TEA, MEA, (MSDS)

Funzione:
Tensioattivi anfoteri - Cessori di nitriti e nitrosammine, sostanze cancerogene.

Sodium lauryl sulfate (SLS), Sodium laureth sulfate (SLES)

Schiumogeni e sgrassanti.

Ingrediente cosmetico:
Sodium chloride

Funzione:
Addensante, viscosizzante (in pratica si compra solo acqua, tensioattivi e sale da cucina).

Ingrediente cosmetico:
EDTA

Funzione:
Sequestrante sali metallici - Mantiene solubilizzati i metalli pesanti nel mare. Fortemente inquinante dei mari e responsabile dell'estinzione di spugne e coralli.

PRODOTTI SOLARI:

Ingrediente cosmetico:
PABA

Funzione:
Filtro UV - Allergizzante.

Cinnamate,
Benzophenone

Danneggiano la barriera corallina.

Ingrediente cosmetico:
-camphor
-bifenile

Funzione:
Filtro UV - Allergizzanti ed irritanti.

TINTURE PER CAPELLI:

Ingrediente cosmetico:
p-fenilendiammina (PPD)
p-toluendiamina,
p-aminodifenilamina,
il 2-4 diaminoanisolo
l'o-aminofenolo

Funzione:
Componenti delle tinture capelli -
Allergizzante.

CONCLUSIONE

Caro lettore, cara lettrice ti faccio i miei complimenti per avermi seguito fin qui, in questo mondo chimico e cosmetico, assai complesso e allo stesso tempo affascinante.
Se la pelle parlasse cosa sceglierebbe? Il buonsenso, per rispettare la sua intelligenza cutanea e soprattutto Madre Natura. Ci direbbe che per l'acquisto di un cosmetico valido i criteri da osservare che fanno la differenza sono proprio la dermocompatibilità e l'ecosostenibilità. Le azioni che tutti noi possiamo intraprendere nel mondo della cosmesi sono:

- **Consapevolezza di cosa vogliamo ottenere dal cosmetico**: che senso ha comprare un cosmetico di dubbia qualità solo perché il prezzo o il profumo ci soddisfano e pretendere che facciano effetto? O ancora c'è chi è disposto a pagare a caro prezzo una crema, per comprare il desiderio della giovinezza e dall'altra parte c'è chi, mosso dal "naturale a tutti i costi", è disposto a spignattare e farsi da sé le creme. Il punto non è chi ha ragione. Il punto è rendersi conto che tutti quanti possiamo davvero contribuire al benessere della nostra pelle informandoci seriamente sugli ingredienti cosmetici e sulla provenienza dell'azienda. Il mio consiglio è meglio se appartenente all'UE!

- **Coscienza di quello che lasciamo agli altri**: Si insegue la bellezza, il desiderio di mantenersi giovani a tutti i costi senza però fare i conti con ciò che immettiamo nell'ambiente. Che senso ha comprare una crema il cui packaging è un ammasso di plastica che sicuramente inquinerà il nostro mondo? O al cui interno sono presenti siliconi e filmogeni acrilici o EDTA non degradabili nell'ambiente? Mi sono ritrovata spesso a discutere con conoscenti sull'importanza del cosmetico e a coloro che non presentano una particolare sensibilità nella scelta degli ingredienti dermoaffini, io ribadisco che ognuno è libero di mettersi addosso quello che vuole, anche petrolio o resine viniliche ma diventa un problema di tutti quando tale persona si lava perché tutto ciò che ha messo prima sulla sua pelle arriva, attraverso lo scarico del bagno, al mare. Tutto ciò che ci spalmiamo prima o poi finisce nel mare e ci ritorna indietro. Non vi è molta differenza tra bere del veleno o spalmarselo addosso!

- **Scelta dell'azienda con cui desideriamo collaborare**: per chi desidera collaborare con un'azienda di prodotti per il benessere, il mio invito è di informarsi molto seriamente sulla scelta del partner, se questa occasione lavorativa non viene percepita solo come un'opportunità di lavoro ma anche come la possibilità di lasciare "un'impronta verde" nel mondo che è di tutti.

"Solo coloro che sono abbastanza folli da pensare di cambiare il mondo, lo cambiano davvero."

[Steve Jobs]

Bibliografia

Benatti C., Nanoparticelle: il rischio nascosto, in "Terra Nuova", n° 247, febbraio 2010, pp 8-11

Borellini U., La Bellezza Intelligente, dott. Umberto Borellini, marzo 2007

Nicoli E., Detergenti intimi a confronto, in "Terra Nuova", n° 245, dicembre 2009, pp 26-33

Marotta F, Cosmesi naturale in pratica, Tecniche nuove, 2002

Scacciavento D., "Primo stop ai microgranuli", in "Terra Nuova", n° 248, ottobre 2014, pp 68

Serri R., Duranti F., Cambio pelle, Sperling&Kupfer, 2012

Tadioli N., Detersivi: attenti al profumo, in "Terra Nuova", n° 280, febbraio 2013, pp 53-57

Tadioli N., Il sole e la sua ombra, in "Terra Nuova", n° 285, luglio/agosto 2013, pp 62-66

Tadioli N., Profumi: ecco perché sceglierli naturali, in "Terra Nuova", n° 287, ottobre 2013, pp 62-66

Tadioli N., SOS mani, in "Terra Nuova", n° 289, dicembre 2013, pp 60-64

Zappaterra, Cosmesi biologica: certificazione e marchi, in Kosmetica n° 9 Dic. 2009

Conferenze di:
- prof.re Alex Gezzi
- dott.ssa Riccarda Serri
- dott. Fabrizio Zago

Sitografia

http://abc-cosmetici.it
http://www.agriregionieuropa.univpm.it
http://www.beatthemicrobead.org
http://www.biodizionario.it
http://www.consumoconsapevole.org/download/VIVOfolder.pdf
http://www.cosmesicura.org
http://www.dottorperuginibilli.it/argomenti-vari/222
http://www.ewg.org/skindeep/
http://ec.europa.eu/consumers/cosmetics/cosing/
http://www.farmacovigilanza.org
http://www.focus.it/ambiente/farmaci-e-cosmetici-inquinano-acqua-e-cibo-4171547_C12.aspx
http://ilgirasolenonsolocosmesi.blogspot.it/2013/01/cosmetici-industriali-vs-cosmetici.html
http://www.ifraorg.org
http://www.inserm.fr
http://www.italiasalute.it/6813/Anche-in-cosmesi-arriva-biologico.html
http://www.mednat.org/cure_natur/cosmetici_inquinanti.htm
http://www.my-personaltrainer.it/cosmetici/cosmetologia.html
http://www.nonsprecare.it
http://www.plosone.org/article/info%3Adoi%2F10.1371%2Fjournal.pone.0065399
http://www.sciencedirect.com
http://www.skineco.org
http://www.washingtonpost.com
http://www.unipro.org/home/it/documenti/rassegna_stampa/2009/2009_0827.pdf
http://5gyres.org/posts/2014/08/19/plastic-microbeads-campaign-update/

Ringraziamenti

Voglio ringraziare in primis mio marito Massimo e i miei tre figli, Eleonora, Lorenzo e Alice per avermi sopportato e supportato in questo progetto.

Un grazie a mia sorella Elisabetta per avermi aiutata nella correzione del libro.

Ringrazio Alessandra, Claudia, Cristina ed Elisabetta per aver revisionato il libro e dato il loro feedback.

Ringrazio tutti coloro che lo sceglieranno e riusciranno ad ascoltare la propria pelle!

Ringrazio tutti coloro che vorranno condividere con me il progetto di diminuire l'impatto ambientale e lasciare la nostra Terra più sana e più viva.

Note sull'autrice

Laureata in tecnologa alimentare a pieni voti, è formatrice da 15 anni in cosmetologia, alimentazione nelle scuole di estetica ed acconciatura del Friuli Venezia Giulia, dove attualmente vive.
È socia ordinaria dell'Associazione Culturale Amigdala a Udine ove organizza corsi di sensibilizzazione all'uso di sostanze cosmetiche, oli essenziali e corsi inerenti la corretta alimentazione.
Seguila su: www.cosmesinice.it

Prossimamente:
Uscirà il suo secondo libro, più tecnico e completo sull'INCI dei prodotti cosmetici "**ECOSMESI**".
Si tratta di un manuale tecnico rivolto a estetiste e forti appassionati di cosmesi in cui viene trattato l'INCI completo in chiave di eco-sostenibilità e dermocompatibilità.

Indice